**비트코인, 폭발적 상승에 올라타라!**

# 비트코인 폭발적 상승에 올라타라

강환국 지음

거인의 정원

# 추천사

강환국 대표와 대화를 조금이라도 나눠본다면 그가 얼마나 숫자에 탁월한 감각을 지녔는지를 알 수 있다. 나는 작가가 대중을 위해 펼칠 수 있는 가장 큰 재능 중 하나가 머릿속에 축적된 수많은 지식과 데이터를 복합적으로 해석해 핵심을 뽑아내는 것이라고 생각한다. 그런 의미에서 강환국 대표는 훌륭한 작가다.

비트코인의 인문학적 가치는 그 가격을 지속적으로 끌어올리겠지만, 이미 높은 가격에 와 있는 만큼 이제는 강환국 대표에게 투자의 지혜를 빌리는 것도 좋은 아이디어라고 본다. 내가 그와 이야기하는 시간이 즐겁듯이, 독자들도 충분히 이 책을 보며 즐거워하실 거라 생각한다.

**– 오태민, 《더 그레이트 비트코인》 저자**


암호화폐 투자에서 가장 어려운 점은 예측 불가능성과 변동성이다. 저자(강환국)는 퀀트 투자의 고수답게 감정을 배제한 시스템 투자로 암호화폐 투자의 성배를 알려준다. 코인 투자에 늘 실패했던 투자자라면 그의 조언을 꼭 들어보기 바란다!

**– 신민철, 《비트코인 슈퍼 사이클》 저자**

암호화폐의 변동성은 '양날의 검'이다. 투자자에게 큰 손실을 주기도 하지만, 잘만 이용하면 그 어떤 자산보다 높은 수익률을 제공한다. 암호화폐가 매력적인 자산인 이유 역시 변동성에 있다. 그렇다면 암호화폐 투자에 성공하기 위해 이 변동성을 어떻게 극복하고 활용해야 할까? 이 책에 그 해답이 있다. 바로 객관적이고, 검증된 투자 전략을 세우는 것이다.

신생 자산인 암호화폐에는 아직 보편적이고, 공신력 있는 투자 방법이 존재하지 않는다. 장기적으로 우상향할 가능성이 높은 비트코인 정도에만 DCA(Dollar Cost Averaging)를 활용한 전략이 통용되고 있다. 이 책에서 소개하는 퀀트 투자는 객관적인 정보를 이용하고 감정 개입을 차단하는 가장 효과적인 투자 방법 중 하나라고 볼 수 있다. 검증된 데이터를 통해서 암호화폐 투자에 최적화된 레시피를 제공한다. 리스크를 최소화하고, 리스크 대비 수익률을 최대화 하는 전략을 세우는 데 이 책이 큰 도움이 될 것이라고 확신한다. 결국 투자의 핵심은 수익은 길게, 손실은 짧게 가지고 가는 것이다. 이 책을 통해서 자신만의 암호화폐 투자 레시피를 만들고 성공적인 투자를 하기를 바란다.

**– 박종한, 〈박작가의 크립토연구소〉 유튜브 댜표**
**디지털애셋, 토큰포스트 칼럼니스트, 〈10년 후 100배 오를 암호화폐에 투자하라〉 저자**


강환국 대표님의 책은 지식을 채우는 것을 넘어 실질적인 투자 수익을 거둘 수 있도록 한다. 그의 책을 읽어보면 과연 대한민국에서 이렇게 치밀하게 백데이터를 제공할 수 있는 사람이 몇이나 있을까 하는 감탄을 자아낼 정도다. 수년간 강환국 대표님을 보며 배운 것이 있다면, 투자의 환경과 종류가 끊임없이 변해도 숫자를 읽고 추리하며 언제나 투자의 지혜를 얻어낸다는 점이다. 독자들도 이 책의 진가를 꼭 알아봐 주시길 바라며, 급변하는 비트코인 시장에서 꼭 살아남는 투자자가 되셨으면 좋겠다.

**– 이웅구, 유튜브 〈웅달책방〉 대표**

# 들어가는 말

 2024년 3월, 비트코인 가격이 역대 최고가를 돌파했다. 이를 전망하고 일찌감치 비트코인과 암호화폐에 투자한 사람들은 환호성을 질렀을 것이고, 그렇지 않은 사람들은 지금이라도 사야 하는지 아니면 이번 버스는 이미 떠났는지 매우 궁금할 것이다.

 결론부터 말하면, 아직은 인생역전을 할 기회가 충분히 남아있다. 그러나 많은 시간이 남은 것은 아니다. 이번 상승장은 짧으면 1년, 길어야 1년 반 정도 남았다. 이 짧은 기간에 최대한 수익을 내야 한다.

 암호화폐 투자에서 성공하려면 '무엇을 사야 하는가'도 물론 중요하다. 그러나 그보다는 '언제 사야 하는가', '언제 팔아야 하는가', '왜 사야 하는가', '얼마를 베팅해야 하는가'가 훨씬, 훨씬 더 중요하다. 이 모든 것을 알아야만 암호화폐 시장에서 살아남을 수 있다. 이 책에서 가감 없이 다 알려줄 것이다.

나는 투자 전략만 제공하는 '전문가'가 아니다. 나는 이 책에서 소개하는 전략을 실전에 적용하여 실제로 50만 달러 이상의 자산을 암호화폐에 투자하고 있으며, 내가 운영하는 유튜브 채널 '할 수 있다! 알고 투자'에 매월 계좌를 공개하는 '투자자'다. 즉, 나는 최소한 '내가 만든 요리를 직접 먹는 사람'이다.

물론 내가 사용하는 전략이 최선이 아닐 수도 있다. 이번 상승장에서는 이 책에서 소개한 것보다 더 높은 수익률을 내는 사람들이 많이 나올 것이다. 그러나 이 책에 소개한 전략을 따라 하면 최소한 실망하지는 않을 것이다. 내가 지난 20년간 쌓아온 나의 투자 경험과 지식을 짜내서 생각해 낸 최선의 전략이기 때문이다. 그렇지 않다면 내 소중한 자산 수억 원을 이 전략에 베팅하겠는가?

우리, 같이 인생역전의 길을 가보자!

― 강환국

**차 례**

# PART 3

## 짧게 승부 보는 단기 전략

# PART 4

## 투자의 이론과 현실

# 중요!
# 이 책을 읽는 법

---

이 책에서 다루는 내용은 다음과 같다.

## PART 1

1장에서는 나의 투자 철학을 논한다. 누구나 따라 할 수 있고 성공 여부를 검증할 수 있는 투자 레시피, 이것이 내가 추구하는 투자 철학이다. 또한 2장을 통해 코인 투자를 시작하기 전에 코인이 어떤 자산인지를 분명하게 짚고 넘어간다.

## PART 2

3~7장부터는 장기 전략을 설명한다. 비트코인 반감기 전후 비트코인, 이더리움 등 암호화폐가 어떻게 움직였는지, 우리는 어떤 매수/매도 기법을 통해서 이 기회를 활용할 수 있는지 살펴본다.

3장에서는 반감기 전후에 비트코인과 주요 알트코인의 수익률을 분석하고, 4장에서는 매수 타이밍과 금액을 논하고, 5장에서는 비트코인 대신 알트코인에 투자하는 것이 어떤지 알아보고, 6장에서는 매도 방법을 논한다. 7장에서는 비트코인을 주식, 채권, 금 등과 함께 자산배분에 포함할 수 있는지, 만약 포함한다면 어느 정도 비중이 적합한지 분석한다.

## PART 3

8장부터는 단기 전략을 분석한다. 8~9장에서는 모든 트레이딩 전략의 핵심 내용인 '추세추종'과 '리스크 관리'를 심도 있게 논한다. 10장에서는 시가총액과 가격이 낮은 '소형' 코인의 수익률이 어땠는지 분석해 본다.

11~12장에서는 이 책의 주요 단기 전략인 코인 듀얼 모멘텀 전략의 백테스트 결과와

실행 방법을 소개한다. 13장에서는 《가상화폐 투자 마법공식》의 주요 전략인 '변동성 돌파 전략'을 소개한다. 《가상화폐 투자 마법공식》에서는 2014~2017년 수익률을 다뤘다면, 이번에는 2018~2023년 수익률도 포함하여, '변동성 돌파 전략'이 표본 외 데이터(Out-of-sample)에서 어느 정도 통했는지 알아본다.

'전문가'들은 대부분 계절성을 무시하는데, 계절성을 알면 '타이밍'을 잘 맞춰서 큰 수익을 얻거나 최소한 큰 손실을 피해 갈 확률이 높아진다. 코인의 계절성은 14장에서 다룬다.

15장에서는 지금까지 설명한 중장기 전략과 단기 전략을 요약한다.

16장에서는 직접 전략을 세우고 싶은 투자자들을 위해 최근 관련 논문에서 발췌한 단기 전략을 몇 가지 소개한다. 이 내용은 내가 직접 백테스트 하지 못했으니, 직접 데이터를 다운받아서 논문 저자들의 주장을 검증할 것을 권한다.

# PART 4

17장에서는 이 모든 것을 바탕으로 내가 어떻게 투자했는지 상세히 설명하고, 그와 더불어 나의 미래 투자계획도 밝힌다.

마지막으로, 18장에서는 투자 심리를 다룬다. 전략이 아무리 훌륭하면 뭐하나? 투자자가 실행하지 않거나 이상하게 실행하면 말짱 도루묵이 아닌가. 이 책을 읽는 독자 중 대부분은 이런저런 이유로 이 책에서 소개하는 전략을 실행하지 않을 것이다. 도대체 어떤 심리적인 저항 때문에 이런 일이 생기는지, 이를 어떻게 극복할 수 있는지 자세히 알아본다.

이 책을 끝까지 읽으면 다른 책과 내용이 매우 다르다는 것을 깨달을 것이다. 이 책에는 코인에 대한 '펀더멘털'한 내용이 전혀 없다! '펀더멘털'한 내용이란 블록체인을 포함한 코인 관련 기술, 코인시장과 생태계의 미래, 비트코인의 금 대체 가능성, 지정학적 리스크, 달러와 비트코인의 패권싸움, 비트코인을 대체할 수 있는 코인 등을 말한다. 이런 내용은 친구들과 갑론을박하면서 시간 때우기엔 좋지만, 돈 버는 데는 크게 도움이 되지 않는다.

나는 코인으로 '돈을 벌 수 있는 구체적인 트레이딩 전략' 말고는 다른 테마에는 관심이 없다. 자, 그럼 지금부터 우리 함께 돈을 벌어보자!

우리가 코인을 공부할 때 가장 먼저 해야 할 일은 비트코인이 어떤 자산인지를 이해하는 것이다. 이번 파트에서는 나의 투자 철학을 통해 비트코인의 성격과 투자 접근 방법을 이해하고, 또 코인이 얼마나 위험한 자산인지를 설명하려고 한다. 올바른 투자 관념을 갖고 성공적인 투자로 가는 발판이 되는 개념이므로 분명하게 인지하고 넘어가길 바란다.

# PART
## 1

# 코인에 대해
# 짚고 넘어갈 것들

# 01

## 나의 코인 투자 철학

# 검증된 전략으로만 투자

어떤 전설적인 요식업 사장이 본인은 요리를 하나도 못 하는데 개업하는 식당마다 문전성시를 이루며 모두 성공했다고 한다. 이런 일이 도대체 어떻게 가능했을까?

그 사장은 고급 호텔 셰프에게 높은 일당을 주고 하루 종일 맛집 투어를 시킨다고 한다. 셰프들은 웬만하면 한 번만 먹어도 레시피를 뽑아올 수 있는데, 사장은 셰프가 뽑은 레시피를 가지고 그 맛집과 좀 먼 곳으로 가서 새로운 식당을 연다고 한다. 이때 사진을 찍어 인스타그램에 올릴 수 있도록 멋지게 인테리어를 하고, 블로그에 홍보를 잘해서 오픈하는 식당마다 성공한다고 한다.

재밌는 건 투자에도 이런 레시피가 많이 존재한다는 것이다. 이 책은 독자들이 실전에서 사용할 수 있는 레시피를 연구한 책이다. 먹는 음식을 만드는 것도 아닌 투자 레시피가 우리에게 무슨 도움이 되느냐고? 된다. 바로 다음과 같은 이유 때문이다.

## 1. '투자 레시피'는 객관적이다

투자 레시피에는 어떤 규칙에 따라 언제 사고팔아야 할지, 언제 보유해야 할지 명시되어 있어서 누구나 따라 할 수 있다(심지어 나 같은 요리 문외한도 레시피를 따라 하면 꽤 맛있게 신라면을 끓여 먹을 수 있다).

## 2. 검증이 가능하다

과거에 이 투자 레시피를 사용했다면 어느 정도나 수익을 낼 수 있었는지, 이 투자 레시피에 따른 전략이 통하지 않았을 때 어느 정도 잃었는지, 잃은 구간이 얼마나 지속되었는지 등을 알 수 있다. 과거로 돌아가서 이 전략을 시뮬레이션해 보는 셈이다. 이것을 '백테스트Backtest'라고 한다.

물론 과거에 통했던 전략이 미래에도 통한다는 보증은 전혀 없으나, 경험상 세상에서도 일 잘하는 사람이 계속 잘하고, 성공하는 사람이 계속 성공한다. 즉, 사업에서 성공하는 공식은 계속 통한다. 투자도 예외는 아니다. 구간별로 백테스트를 해 보면, 과거에 통했던 투자 레시피가 그 후에도 계속 통하는 경우가 그렇지 않은 경우보다 훨씬 많다.

내가 이 책에서 소개하는 투자 전략들은 그럴듯한 논리를 나열한 뇌피셜이 아니다. 이 전략대로 과거에 투자했다면 실제로 어느 정도 수익을 낼 수 있었는지, 백테스트 결과를 반드시 제공한다.

그러나 과거에 얻었을지 모를 수익으로는 부귀영화를 누릴 수 없다. 나는 내가 만든 투자 레시피에 따라 실제로 투자하고, 내가 운영하는 유튜브 채널 '할 수 있다! 알고 투자'를 통해 매월 그 결과를 공개한다. 내가 내 투자 레시피를 통해 돈을 벌지는 모르겠으나, 확실한 건 나는 내가 만든 레시피대로 한 요리를 직접 먹는 사람이라는 것이다(17장 참조)

## 3. 감정 개입 차단

투자 레시피를 따라 기계적으로 투자하면, 우리의 감정이 투자에 개입하는 것을 차단할 수 있다.

우리의 감정이 투자에 개입하는 것이 뭐가 문제냐, 투자할 때 '감'이 좋은 사람들도 많지 않느냐고 반박할 수도 있다. 여기서는 대부분의 인간 두뇌가 투자하면 돈을 잃는 데 최적화되어 있다고만 간단히 설명하겠다(18장에서 좀 더 자세히 설명한다).

## 한 가지 예시를 소개한다

투자해서 돈을 버는 진리는 오직 한 가지뿐이다.

**'수익은 길게, 손실은 짧게'**

우리는 죽을 때까지 수백 개, 수천 개의 종목에 투자하면서 모든 종목에서 돈을 벌 수도 없지만 모든 종목에서 잃지도 않는다. 그렇다면 버는 종목에서 많이 벌고, 잃는 종목에서 적게 잃으면 되지 않을까? 이 것이 바로 '수익은 길게, 손실은 짧게'의 의미다.

물론 대부분 투자자들은 이것과 정확히 정반대로 투자해서 파멸의 길로 접어든다. '손실을 짧게' 가져가려면, 샀는데 떨어지는 종목을 빨리 '손절'해야 한다. 아마 본인도 그렇고 주변에서도 손절을 잘하는 사람이 거의 없을 것이다. 그 이유는 우리의 감정이 "손절은 절대 안 돼!"라고 외치기 때문이다.

손절하면 손실이 확정되어 자존심도 상하고 기분도 나쁘다. 안 팔면

언젠가 다시 본전 회복이 가능하지 않을까? 하락한 종목 10개 중 7~8개가 실제로 다시 본전을 만회한다는 것이다. 그런 경험을 몇 번 하다 보면 더더욱 손절을 안 하게 된다.

문제는 나머지 2~3개 종목인데, 이 종목들은 하락한 후 또다시 끝없이 하락하며 다시는 그 가격으로 돌아오지 않는다. 대부분의 투자자가 이런 종목에서 '손실을 길게' 가져가게 된다.

이와 반대로, 샀는데 오르는 종목은 오래 들고 있어야 '수익을 길게' 가져갈 수 있는데, 대부분 투자자는 산 종목이 10~20% 오르면 팔아버린다. 우리의 감정이 "빨리 팔아서 수익을 확정 지어!"라고 외치기 때문이다.

수익이 난 종목을 보유하고 있으면 언제 다시 손실 범위로 떨어질지 몰라서 늘 불안하기 마련인데, 수익을 확정 지으면 그런 불확실성이 사라지고 수익을 확정 짓는 쾌감과 함께 안도감이 찾아온다. 대부분의 투자자는 본인의 감정에 충실하므로 다음과 같이 투자하게 된다.

### '손실은 길게, 수익은 짧게'

생각해 보자. 투자의 유일한 진리와 정반대로 투자하는데 돈이 벌리겠는가? 이 짧은 사례에서 왜 우리의 감정이 투자에 개입하면 망할 가능성이 큰지 느꼈을 것이다(18장에서 이와 관련한 사례를 소개한다).

# 어떤 투자 레시피를 따라 투자해야 할까?

요리도 레시피를 만들려면 '계량화'가 필수다. 라면을 끓여도 "물은 500mL 넣고, 4분간 끓인 후 면과 수프를 넣으세요"라는 식으로 가이드 라인을 주지는 않지 않는가!

그렇다면 투자 레시피에서는 구체적으로 무엇을 계량화해서 사용할까?

주식의 경우 재무제표 데이터, 가격, 기술적 투자 지표, 애널리스트 추정치, 매크로 경제 데이터 등을 통해 계량화 전략을 만들어 낸다. 코인 투자에서는 계량화가 가능한 다음과 같은 지표를 주로 활용할 것이다.

## 반감기

비트코인의 공급에 큰 영향을 주는 이벤트다. 반감기 비트코인 전후 가격 흐름을 통해 장기적으로 비트코인과 암호화폐에 어떻게 투자해야 하는지 알 수 있다.

## 가격의 추세

암호화폐뿐만 아니라 거의 모든 자산은 '추세' 현상을 보인다. 즉, 최근 상승한 자산은 대체로 계속 상승하고, 최근 하락한 자산은 대체로 계속 하락한다. 이 책에서는 '이동평균선'과 '최근 7일 수익률'을 통해 추세 여부와 강도를 측정한다.

## 코인의 계절성

코인 수익률이 특히 높은(낮은) 연, 월, 요일, 일, 시간대가 존재한다. 이것만 잘 알아도 꽤 손쉽게 돈을 벌 수 있다.

BITCOIN

# 02

## 코인은 정말로
## 위험한 자산이다

# 존재하는 모든 코인이 -90%를 경험했다

어떤 이는 비트코인 등 코인 생태계가 이런저런 이유로 매우 크게 성장할 것이니, 그냥 '좋은 코인'을 사서 장기 보유하면 부귀영화를 누릴 수 있을 것이라고 주장한다. 그러나 이 주장에는 두 가지 문제점이 있다.

**① 이 주장이 틀릴 수도 있다**
**② 설사 이 주장이 맞다고 해도 각 코인의 MDD는 90%가 넘는다**

## 1번

투자의 대가 워런 버핏**Warren Buffett**은 "전망은 전망하는 사람에 대해 많은 것을 알려주지만 미래에 대해서는 아무것도 알려주지 않는다 **Forecasts tell a lot about the forecaster, but nothing about the future**"라는 명언을 남겼다. 미래에 코인시장이 매우 커질 것으로 전망하는 사람이 많고 그 근거가 매우 타당하게 들리는 경우도 많지만, 코인이 미래 금융 시장에서 결코 큰 역할을 하지 못하리라는 근거도 꽤 그럴듯하게 들린다. 나는 사실 코인시장의 미래에 대해 아무런 전망도 없다. 관련 지식도 빈약하고 솔직히 관심도 별로 없다. 누가 옳았는지는 미래가 알려줄 것이다.

그러나 내가 원하는 것은 암호화폐 시장에서 '돈을 버는 것'이다. 다행히도 그리고 놀랍게도 코인시장의 미래를 몰라도 돈을 벌 수 있는 수많은 전략이 존재한다. 그 유력한 전략들을 앞으로 차차 알려줄 것이다.

**2번**

　MDD? 어디서 들어본 단어 같은데? 정확히 의미하는 바가 뭘까? MDD는 투자자의 최대 고통을 표시하는 지표다. 물론 "나를 죽이지 못하는 것은 나를 더 강하게 만든다"라는 명언(?)도 있지만, 그래도 웬만하면 고통은 피하는 것이 낫다. MDD는 자산 또는 전략의 **최고점 대비 최대 폭락**을 의미한다.

　투자의 주요 목표는 두 가지다.

　　– 수익의 극대화
　　– MDD의 최소화

　그런데 비트코인의 MDD는 94.3%다. 2010년에 비트코인은 최고점 대비 94.3%나 하락한 적이 있다! 너무 오래전 일이 아니냐고? 다음은 비트코인이 하락한 기록들이다.

　　– 2011년 고점 대비 93.1% ↓
　　– 2014년 고점 대비 91.0% ↓
　　– 2018년 고점 대비 83.3% ↓
　　– 2022년 고점 대비 76.7% ↓

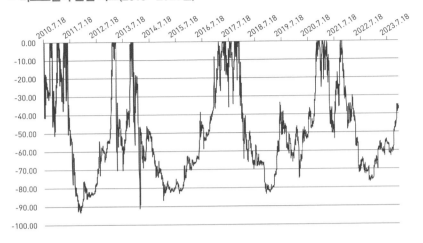

■ 비트코인의 손실 차트(2010~2023년)                                    (단위: %)

■ 비트코인의 주요 암흑기

| 암흑기 시작 | 암흑기 끝 | 하락 폭 | 본전 만회 |
|---|---|---|---|
| 2011.6.8 | 2011.11.18 | −93.07% | 2013.2.20 |
| 2013.12.4 | 2014.2.21 | −90.99% | 2017.3.2 |
| 2017.12.16 | 2018.12.15 | −83.29% | 2020.11.30 |
| 2021.11.8 | 2022.11.21 | −76.67% | 못했음 |

비트코인이 이 정도면 다른 코인들의 MDD도 최소 90%로 추정할 수 있다.

■ 주요 코인의 MDD

| 코인명 | MDD | 코인명 | MDD |
|---|---|---|---|
| 이더리움 | −93.4% | 솔라나 | −96.1% |
| 리플 | −95.2% | 카르다노 | −97.9% |
| 도지코인 | −95.5% | 아발란체 | −93.3% |
| 라이트코인 | −95.9% | 폴카닷 | −93.2% |
| 바이낸스코인 | −79.6% | 트론 | −95.0% |

슬픈 추측은 또 왜 이렇게 잘 들어맞을까? 가장 선방한 바이낸스코인의 MDD가 약 80%이고, 그다음으로 선방한 이더리움의 MDD가 약 93%다(왜 바이낸스코인의 MDD가 그나마 상대적으로 양호한지는 5장에서 설명한다)!

위 표에서 볼 수 있듯이 MDD가 90% 이하인 코인은 바이낸스코인을 제외하고는 존재하지 않았다.

이는 이 세상 모든 코인이 고점 대비 90% 이상 하락한 사례가 있다는 것을 의미하며, 운 나쁘게 고점이나 고점 언저리에 매수하면 90% 이상 손실을 입을 수 있음을 의미한다! 코인은 정말 위험한 자산이다.

## 전체 자산의 10% 이상 잃으면 절대로 안 된다

기본적으로 나는 코인으로 인한 손실이 전체 자산 대비 10% 이상을 넘어가면 절대 안 된다고 생각한다. 따라서 구체적으로 자산의 10% 이

하로 손실을 제한하는 방법만을 소개할 것이다!

손실이 왜 10%를 넘으면 안 되느냐고? 대부분의 인간이 본전 만회 심리 때문에 손실이 이보다 커지면 조급해져서 이성을 잃고 무분별한 투자를 감행할 가능성이 커지기 때문이다.

혹시 "잡주를 사서 계속 물타기를 하다가 대주주가 된 후 상장폐지가 되었다"라는 농담(?)을 들어본 적 있는가? 나는 이게 농담인 줄로만 알았는데 현실에서 정말 일어나는 일이라는 것을 알게 되었다. 여의도에 건물이 여러 채 있는 부자가 중·소형주 주식을 샀는데 주식이 자꾸 하락해서 물타기를 하다 보니, 어느 날 그 회사에서 "우리 회사 최대주주가 되셨는데, 누구십니까?"라는 통보를 받았다고 한다. 그리고 그 기업은 안타깝게도 나중에 상장폐지를 당했다고 한다. 실제로 있었던 이야기다.

코인도 마찬가지다. 손실이 커질수록 마음이 조급해져 소문만 듣고 이상한 잡코인(?)에 투자했다가 더 크게 망하고, 레버리지를 섞어서 코인 선물로 간 다음 더 큰 돈을 날린 후, 신용대출뿐만 아니라 친구, 친척, 가족 등의 돈까지 모조리 투자해서 말아먹고 한강으로 가기 직전인 코인 투자자를 나는 여럿 보았다.

이런 비극을 예방하는 방법이 있을까? 있다. 처음부터 자산 대비 10% 미만으로 잃으면 된다. 이제 그 방법을 소개하겠다.

BITCOIN

암호화폐 시장을 이해하려면 그 가치를 따지기에 앞서서 사이클을 이해해야 한다. 코인은 분명하게 사이클을 타는 자산이기 때문이다. 사이클을 이해하고 나면 장기 전략과 단기 전략을 세울 수 있고, 각 코인의 매수매도 타이밍을 가늠해볼 수 있다. 반감기는 비트코인 투자뿐만 아니라 알트코인 투자에도 지대한 영향을 미치기 때문에 반드시 이해해야 하는 암호화폐 투자의 핵심이다.

# PART

## 2

# 사이클 타는
# 중장기 전략

# 03

## 반감기 개념부터 탑재하라

# 존버정신은 물렀거라!

2008년 비트코인이 탄생한 후 2023년 현재까지 코인시장은 장기적으로 꾸준히 성장했다. 그런데 그 15년 동안 모든 주요 코인이 고점 대비 90% 이상 하락한 적이 있는 것도 부인할 수 없는 사실이다.

몇 개월 전 10억 원이었던 자산이 1억 원으로 하락하면 "허허, 괜찮아. 조만간 다시 10억이 되고 그 후 100억이 될 테니까"라며 쿨하게 장기투자 할 수 있는 투자자는 매우 드물다. 그래서 상대적으로 MDD가 낮은 부동산에 장기투자 하는 투자자는 많지만, MDD가 높은 코인에 장기투자 하는 것은 사실상 불가능하다.

이것이 바로 내가 코인 장기투자에 반대하는 이유다. 코인이 오를 확률이 높을 시기에 사고 내릴 확률이 높은 시기에 파는 마켓타이밍이 코인 투자에서는 특히 필수라고 생각한다. 이걸 안 하면 고점 대비 90% 손실을 절대로 피할 수 없다!

그럼 마켓타이밍은 어떻게 알 수 있을까? 이것을 알려면 '비트코인 반감기'에 주목할 필요가 있다.

가격은 수요와 공급에 의해 결정되므로, 어떤 재화든지 수요가 많아지고 공급이 적어지면 가격이 오른다. 비트코인의 미래 수요는 예측하기 어렵지만 공급은 예측이 가능하다. 2008년에 처음 등장한 비트코인은 2140년까지 총 2,100만 개가 발행될 계획인데, 이 발행량이 약 4년에 한 번씩 절반으로 줄어든다. 이 시기를 '반감기'라고 한다.

반감기가 오면 비트코인 공급이 절반으로 줄어드니까 가격이 오를 조건 중 절반은 갖췄다고 볼 수 있다. 실제로 반감기 전후 비트코인 가격이 어떻게 움직였는지 살펴보자.

■ 비트코인의 반감기 시점

| 반감기 | 반감기 시점 |
|---|---|
| 1차 반감기 | 2012.12.28 |
| 2차 반감기 | 2016.7.11 |
| 3차 반감기 | 2020.5.4 |
| 4차 반감기 | 2024년 4월 말 |

### 1차 반감기 전

1차 반감기는 2012년 12월 28일에 시작되었다. 그전 비트코인 가격의 흐름을 살펴보면 다음과 같다.

■ 비트코인 가격(2011.11~2012.12)    (단위: 달러)

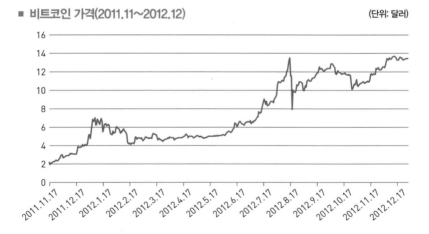

비트코인은 2011년 6월 32달러까지 올라간 후 11월 17일 2달러 밑으로 추락했다. 최고점 대비 93.8%나 하락한 것이다!

그런데 반감기 약 13개월 전인 11월 17일부터 반감기가 시작된 2012년 12월 28일까지 약 7배 상승했다.

## 1차 반감기 후

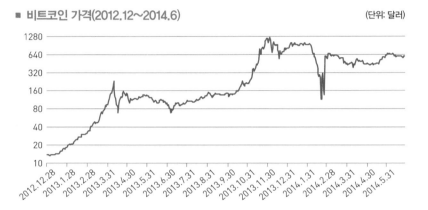

■ 비트코인 가격(2012.12~2014.6)　　　　　　　　　　(단위: 달러)

반감기가 시작될 때 비트코인 가격은 그래 봤자 겨우(?) 13달러 수준이었다. 그런데 반감기 후 1년 만에 처음으로 1,000달러를 돌파하며 거의 100배 상승했다!

1차 반감기 시기에 비트코인은 반감기 전 13개월간, 반감기 후 11개월간 상승했으며 총 상승 폭은 무려 620배에 달했다.

## 2차 반감기 전

2차 반감기는 2016년 7월 11일에 시작되었다. 2013년 12월에 1,200 달러를 뚫은 비트코인은 날개 없는 추락을 하면서 반감기 18개월 전인 2015년 1월에 157달러까지 추락하며 고점 대비 87.3% 하락했다.

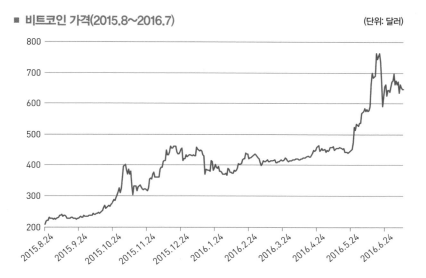

■ 비트코인 가격(2015.8~2016.7)　　　　　　　　　　　　　(단위: 달러)

비트코인은 2015년 1월에 200~300달러 수준으로 상승한 후 한동안 횡보하다가 2015년 8월 말, 반감기 10~11개월 전부터 본격적으로 상승하기 시작했다. 이때부터 반감기가 시작될 때까지 비트코인 가격은 3배 이상 상승했다.

## 2차 반감기 후

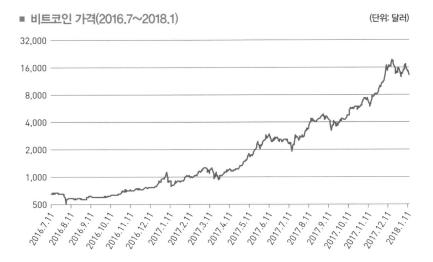

■ 비트코인 가격(2016.7~2018.1)  (단위: 달러)

비트코인은 2차 반감기가 시작된 직후에는 크게 오르지 않았으나, 약 3~4개월 후부터 상승하기 시작하더니 2017년부터 불을 뿜기 시작했다. 하반기에 가파르게 상승해서 반감기 17개월 후인 2017년 12월에는 약 30배가 올라 거의 2만 달러까지 상승했다.

2차 반감기 시기에 비트코인은 반감기 전 18개월간, 반감기 후 17개월간 상승했으며 총 상승 폭은 약 100배에 달했다.

## 3차 반감기 전

그 후 늘 그랬듯이 암흑기가 찾아왔다. 비트코인 가격은 1년에 걸쳐 최고점 대비 84%나 하락한 후 비로소 하락을 멈췄다. 참고로 나는 저서 《가상화폐 투자 마법공식》을 이런 암흑기 초반이었던 2018년 4월에 발행해서 1만 권밖에 팔지 못했다. 이 경험을 통해 책 판매에도 마켓타이밍이 있다는 것을 배우게 되었다.

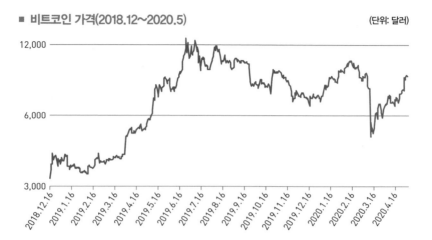

■ 비트코인 가격(2018.12~2020.5)　　　　　　　　　　　　(단위: 달러)

이번에는 흐름이 다소 달랐다. 3차 반감기는 2020년 5월 4일에 시작되었는데, 이번에도 약 17개월 전인 2018년 12월 저점을 찍고 상승하는 것처럼 보였으나 2019년 6월부터 하락세를 보였으며, 2020년에는 코로나 하락장의 여파로 3월 초에 잠깐이나마 4,000달러 이하로 하락하기도 했다. 그래도 반감기가 시작되는 시점에는 가격이 저점 대비 약 3배 상승했다.

## 3차 반감기 후

■ 비트코인 가격(2020.5~2021.11)　　　　　　　　　　　　　　　　(단위: 달러)

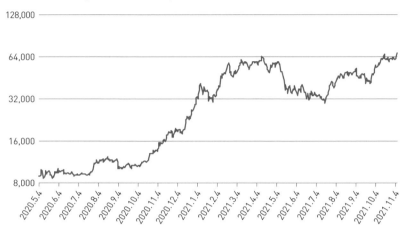

　　반감기가 시작되기 한 달 반 정도 전부터 반등하기 시작한 비트코인은 반감기 시작 후 5개월 동안에는 상승률이 지지부진하다가, 2020년 10월부터 급상승하기 시작했다. 약 5개월 동안 6배 이상 상승한 후 잠시 주춤했다가 반감기 18개월 후인 2021년 11월 역대 최고점인 68,978달러까지 올랐다. 2024년 1월 현재까지 저 최고점은 깨지지 않았다.

　　3차 반감기 시기에 비트코인은 반감기 전 17개월간, 반감기 후 18개월간 상승했으며 총 상승 폭은 약 22배에 달했다.

### 4차 반감기 전

　　3차 반감기 후 크게 상승한 비트코인은 늘 그랬듯이 크게 하락했다.

이번 하락은 약 1년 동안 지속되었으며 비트코인은 2022년 11월 21일 15,480달러를 기록하며 77.6% 하락했다.

　우리는 현재 2024년 4월 말 4차 반감기를 앞두고 있다. 비트코인은 반감기 17개월 전인 2022년 11월 저점에 도달한 것처럼 보이며, 반감기가 약 한 달 반 남은 2024년 3월 초까지 약 4.5배 상승하면서 역대 최고가를 경신했다.

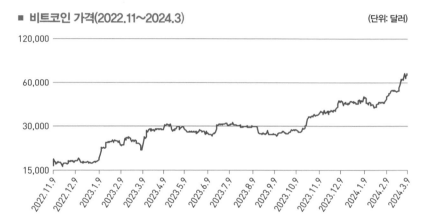

■ **비트코인 가격(2022.11~2024.3)** (단위: 달러)

### 종합 의견

위 내용을 요약해 보면 다음과 같다.

| 반감기 | 반감기 전 상승 기간 | 상승 폭 | 반감기 후 상승 기간 | 상승 폭 | 암흑기 기간 | 하락 폭 |
|---|---|---|---|---|---|---|
| 1차 | 12개월 | 573 | 12개월 | 9,139 | 13개월 | 87.3 |
| 2차 | 11개월 | 230 | 17개월 | 2,972 | 12개월 | 83.7 |
| 3차 | 17개월 | 181 | 18개월 | 678 | 12개월 | 77.6 |
| 4차 | 17개월 | ? | ?개월 | ? | | |

이를 분석하면 여러 가지를 유추할 수 있다.

① 비트코인은 반감기 시작 전후로 오르는데 전에는 상대적으로 작게, 후에는 상
   대적으로 크게 오른다.
② 반감기 시작 직후에 오르지 않고 몇 개월 후에 본격적으로 오르며, 반감기
   12~18개월 후 정점을 찍는다.
③ 정점을 찍은 후 약 1년 동안 매우 큰 조정을 겪는다.
④ 조정 후 한동안 횡보장을 겪다가 '다음 반감기'가 도래하면 다시 가격이 오른다
   (1번으로 회귀).

그렇다면 우리의 장기투자 가이드라인은 정해졌다.

① 반감기가 시작되기 약 12~18개월 전부터 비트코인 투자를 시작한다.
② 반감기가 시작되고 12~18개월이 지나면 비트코인을 판다.
③ 본격적인 하락장이 시작하면 비트코인을 1년 정도 거들떠보지도 않는다(또는
   공매도한다).

④ 다시 다음 반감기가 도래하면 비트코인을 사들인다.

물론 비트코인은 암호화폐 생태계의 대장이고 비트코인과 알트코인 가격의 상관성이 매우 높기 때문에, 알트코인도 비트코인 반감기 전후 12~18개월에 투자하고 그 후 1년 정도 쉬면 된다.

코인 투자 책은 대부분 저 정도 가이드라인을 주고 뭔가 대단한 것을 제공한 것처럼 부풀린다. 나는 아니다. 나는 누구나 따라 할 수 있는 구체적인 투자전략을 제시하지 못하면 부끄러워서 잠이 오지 않는다. 위에서 말한 장기투자 가이드라인에는 다음 내용이 빠져 있다.

① 구체적으로 언제, 어떤 전략에 의해 매수할까?

② 어느 정도 금액을 (분할) 매수할까?

③ 언제, 어떤 전략에 의거해서 팔까?

④ 혹시 비트코인이 아니라 알트코인에 투자했다면 어땠을까?

지금부터 하나하나 알아보자.

1012. 코인 반감기 때문에 이번에도 10배 이상 먹나?!
찾을 수 있다! 알고 투자 · 조회수 5.9만회 · 8개월 전
YEAH, 안녕하세요 할러님들! 평소에 암호화폐의 '반감기'가 무엇인지 알고 계셨나요? 저도 이번 영상을 준비하면서 '반감기'라는 암호화폐 시장의...

# 이번 상승장에 비트코인이 얼마까지 오를까?

미래 가격 예측처럼 의미 없는 것도 사실 없다. 나는 이번 상승장이 2025년까지 지속될 것이라고 생각한다. 하지만 다음과 같은 가능성도 존재한다.

**1. 어떤 이유로든 코인 버블이 폭발적으로 발생하면 내가 예측한 가격을 훨씬 뛰어넘을 것이다.**

뉴턴도 "나는 천체의 움직임은 계산할 수 있지만 인간의 광기는 계산할 수 없다"라고 하지 않았던가! 난 인간의 광기는커녕 천체의 움직임조차 계산 못 하는 사람이다.

나는 이번 상승장에서 상승 폭이 상당히 클 수 있다고 보는데, 그 이유는 2024년 1월 미국에서 비트코인 현물 ETF가 승인되었기 때문이다. 이는 전 세계 기관투자자와 일반 투자자들이 손쉽게 비트코인에 투자하는 길이 열려, 적으면 수백억 달러부터 많으면 수천억에서 수조 달러의 자금이 비트코인 및 암호화폐 시장으로 흘러 들어올 수 있음을 의미한다. 따라서 나는 비트코인 가격이 내가 전망하는 것보다 더 오를 가능성도 충분히 존재한다고 본다.

**2. 2024~2025년 글로벌 경제가 타격을 받아서 유동성이 줄어들거나 지정학적, 자연재해 등 악재가 터지면 내 예측 가격보다 훨씬 덜 오를 것이다.**

1998년 IMF, 2000년 나스닥 버블, 2008년 금융위기, 2020년 코로나 사태, 2022년 러·우전쟁과 고인플레이션 + 연준의 금리 인상 등이 터지기 전에 이를 예측한 사람을 나는 아직 보지 못했다. 2024년에도 우리가 전혀 예상하지 못한 악재가 터질 가능성은 당연히 있다.

나는 코인을 보유하고 있기 때문에 코인이 오르기를 바라는 사람이다. 따라서 비트코인이 오를 거라는 내 예측이 안 맞을 가능성이 맞을 가능성보다 훨씬 더 높다는 점을 미리 밝힌다. 적중률은 한 20% 미만 정도?

그래도 나름대로 근거에 기반하여 예측하기 위해 반감기 후 비트코인 가격이 어느 정도 올랐는지 분석해 보자.

■ 반감기 후 비트코인 상승률

| 반감기 | 상승 폭 | 이번 반감기 수익률/전 반감기 수익률 |
|---|---|---|
| 1차 | 9,139% | – |
| 2차 | 2,972% | 32.5% |
| 3차 | 678% | 22.8% |
| 평균 | | 27.7% |

반감기가 되풀이되면서 반감기 후 상승 폭이 계속 줄어들고 있다. 이건 매우 당연한 현상이다.

# 반감기의 영향이 점차 줄어들 수밖에 없는 이유

•

■ 반감기와 채굴량

| 반감기 해 | 10분당 비트코인 채굴량(개) | 비트코인 총 발행량(만 개) |
|---|---|---|
| 2008년(첫 반감기 전) | 50 | 1,050 |
| 2012년 | 25 | 1,575 |
| 2016년 | 12.5 | 1,837.5 |
| 2020년 | 6.25 | 1,969 |
| 2024년 | 3.125 | 2,034 |

2012년 첫 반감기에는 2,100만 개 발행 예정인 비트코인 중 절반(1,050만 개)만 발행되어 있었고, 10분마다 채굴되는 비트코인의 양이 50개에서 25개로 줄어들었으니 공급이 상당히 크게 줄어들었다고 볼 수 있다. 따라서 비트코인 가격이 반감기 후 크게 올랐다.

시간이 지나면서 비트코인 발행량은 점점 늘어났으며, 2024년 반감기 전까지 총 2,100만 개 비트코인 중 1,969만 개(93.75%)가 발행되었다. 2024년 반감기에는 발행 코인의 수가 6.25개에서 3.125개로 줄어들 뿐이다. 그러니 가격에 미치는 영향이 1차 반감기보다 미미할 것이 당연하다.

2차 반감기 상승 폭은 1차 반감기 상승 폭의 32.5%, 3차 반감기 상승 폭은 2차 반감기 상승 폭의 22.8% 정도로 이 둘을 평균 내면 27.7% 정도다.

■ **4차 반감기 후 상승 폭 시나리오**

| 시나리오 | 4차 반감기 상승 폭/3차 반감기 상승 폭 | 가격 상승률 |
|---|---|---|
| 1 | 22.8% | 154.6% |
| 평균 | 27.7% | 187.8% |
| 2 | 32.5% | 220.4% |

따라서 4차 반감기 상승 폭은 154.6~220.4%로 볼 수 있는데, 반감기 약 한 달 반 전인 2024년 3월 초 기준으로 비트코인 가격이 73,000 달러를 돌파했다. 이런 상승세가 유지된다면 이번 상승장 최고가는 185,858~233,892달러(평균 210,094달러)까지 갈 수 있을 것으로 보인다.

이번 반감기에 비트코인이 얼마나 상승할지 예측하는 또 한 가지 방법이 있는데, 바로 각 반감기의 고점을 분석하는 방법이다.

■ **각 반감기 고점 및 상승률**

| 반감기 | 고점(달러) | 전고점 대비 상승 | 이번 상승 폭/<br>전 상승 폭 |
|---|---|---|---|
| 1차 이전 | 31.91 | | |
| 1차 | 1,241.92 | 3,791% | |
| 2차 | 19,870.62 | 1,500% | 39.5% |
| 3차 | 68,978.64 | 246% | 16.4% |
| 평균 | | | 28.0% |

1차 반감기 후 고점은 그 전고점보다 약 39배 높았고, 2차 반감기 후 고점은 그 전고점보다 약 16배 높았으며, 3차 반감기 후 고점은 그 전고점보다 3.5배 정도 높았다. 4차 반감기 후 고점은 어느 정도 수준에서 이루어질까? 위와 똑같이 시나리오를 써 보면 다음과 같은 결과가 나온다.

■ 4차 반감기 후 상승 폭 시나리오

| 4차 반감기 고점 대비 3차 전고점 대비 상승 폭/<br>3차 반감기 고점 대비 2차 전고점 대비 상승 폭 | 2021년 전고점 대비 상승률 |
|---|---|
| 16.4% | 40.4% |
| 28.0% | 68.9% |
| 39.5% | 97.3% |

즉, 4차 반감기 최고점은 3차 반감기 최고점(2021년 11월)보다 40.4~97.3% 높은 수준에서 형성되는데, 당시 최고점이 68,798.64달러였으니 이번 상승장 최고가는 96,581~135,713달러까지 갈 수 있을 것으로 보인다. 앞에서 계산한 수치와 매우 다르다. 원래 미래 전망이란 가정하는 시나리오에 따라 매우 달라질 수 있다!

참고로 암호화폐 거래 플랫폼인 axi에 따르면, 전문가 또는 자칭 전문가들의 2024년과 2025년 비트코인 전망은 다음과 같다(2023년 12월 기준).

■ 2024년 & 2025년 비트코인 전망

| 전문가 | 2024년 전망치(달러) | 2025년 전망치(달러) |
|---|---|---|
| Bitwise | 80,000 | |
| Bitmex | 1,000,000 | |
| Coincodex | 65,148 | 118,685 |
| BitQuant | 69,000 | 250,000 |
| VanEck | 48,000 | 160,000 |
| Coinpedia | 81,008 | 95,903 |
| Robert Kiyosaki | 120,000 | |
| Adam Back (Blockstream CEO) | 100,000 | |
| Techopedia | 80,000 | 50,000 |
| Standard Chartered | 120,000 | |
| Stock-to-Flow Model (PlanB) | 117,375 | 316,500 |
| Bitcoin Rainbow Chart | 175,820 | 234,680 |
| CoinShare Head of Research | | 141,000 |
| 중간값 | 90,504 | 150,500 |

Bitmex가 2024년 비트코인 가격을 100만 달러로 전망하는 등 꿈이 지나치게 큰 전망이 여러 개 있어서 평균이 아닌 중간값Median을 계산했다. 중간값을 보면 이들 전문가들은 2024년 비트코인 가격이 9만 달러, 2025년에 15만 달러에 도달할 것으로 전망했다. 그러나 나를 포함한 전문가들은 다들 코인을 보유했거나 코인 생태계에서 활동하기 때문에 전망을 너무 높게 제시할 가능성이 높다는 것을 유념하자!

세 시나리오를 보면 비트코인 가격의 고점 전망이 최소 9.7만 달러에서 최고 23.3만 달러까지 천차만별인 것을 알 수 있다. 굳이 나보고 한 숫자를 말하라고 한다면 전문가들의 중간값인 15만 달러(2억 원 정도) 정도가 합리적인 기대치가 아닌가 싶다. 이미 강조했듯이 내 전망이 틀릴 가능성이 크다. 비트코인의 최고점은 내가 제시한 가격보다 낮을 수도 있고 이보다 훨씬 높을 수도 있다. 그러나 나는 개인적으로 현물 ETF 출시로 인한 기관 자금의 참여 때문에 비트코인의 실제 고점이 내 전망치보다 훨씬 높을 가능성도 존재한다고 본다. 다만, 나는 이미 암호화폐 시장에 꽤 크게 발을 담근 사람으로서 장밋빛 전망이 맞기를 간절히 바라는, 중립과는 거리가 먼 사람이라는 것을 명심하자.

# 04

반감기로
매수 타이밍 잡기

# 언제 매수하는 게 좋을까?

아마도 3장에서 반감기 전후 수익률을 보고 혹했을 것이다. 돈을 수백 배 벌 꿈에 부풀었을지도 모른다. 그러나 아쉽게도 그 수익률은 가장 좋은 타이밍에 가장 낮은 가격으로 매수하고, 가장 좋은 타이밍에 가장 높은 가격으로 매도한 것을 가정한 것이다. 따라서 우리는 절대로 그 수익률을 낼 수 없다.

게다가 비트코인의 시가총액이 커짐에 따라 새로운 반감기에 얻을 수 있는 수익도 감소하고 있다. 1차 반감기 전후로 620배 올랐던 비트코인이 2차 반감기 전후에는 100배, 3차 반감기 전후에는 22배밖에(?) 안 올랐다. 4차 반감기 전후 수익률은 3차 반감기 후보다 작을 것으로 추정된다.

그래도 만약 비트코인이 반감기 전후로 10배 정도 오른다면, 우리도 최소한 4~5배 정도는 벌어야 하지 않을까? 내가 추천하는 전략은 다음과 같은 시기에 매수하는 것이다.

**① 최고점 대비 하락이 6개월 이상 지속될 때**
**② 최저점 대비 2배 오를 때**

1번의 경우, 보통 최고점을 기록한 후 암흑기가 1년 정도 지속되니까 최고점 이후 최소 6개월 동안은 아무것도 안 해도 된다는 것은 이해하기 쉬울 것이다. 참고로 최고점 경신 후 6개월 내로 새로운 최고점이 나오면 그날부터 다시 6개월간 하락이 시작된다고 보면 된다.

그런데 2번의 경우는 제대로 말한 게 맞나? 최저점 대비 10% 올랐을 때 매수하는 것도 아까운데 2배 오른 후 매수하라니? 이게 무슨 전략이지?

아마 "무릎에서 사서 어깨에서 팔아라"라는 격언을 들어봤을 것이다. 물론 나도 발바닥에서 사서 정수리에서 팔고 싶다. 하지만 어쩌다 한두 번 성공한 사람은 가끔 있어도(이 사람들은 홀인원에 성공한 골퍼처럼 죽을 때까지 이 거래를 자랑하고 다닐 것이다. 발바닥에서 사서 정수리에서 팔 확률은 딱 홀인원 칠 확률과 비슷하다고 보면 된다) 연속으로 성공한 사람은 동서고금을 통틀어 한 명도 없으며, 그건 여러분도 예외가 아니다. 이제 이렇게 반박하고 싶을 것이다.

"그렇다면 비트코인이 최고점 대비 절반 정도 하락했을 때 사면 되는 거 아냐? 아니, 싸질 때 들어가지 왜 저점에서 이미 2배나 올랐는데 들어가?"

이 말대로 '반토막 후 매수 전략'을 썼으면 어땠을지 한번 분석해 보자.

## 1차 반감기 후 50% 하락 후 매수

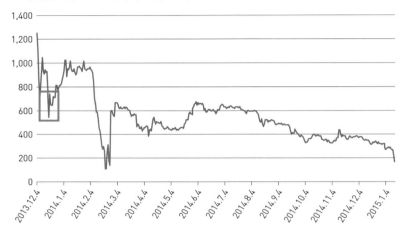

■ 1차 반감기 후 50% 하락 후 매수 전략 　　　　　　　　　(단위: 달러)

비트코인은 2013년 12월 고점(1,241달러)에 도달했는데, 고점 대비 50% 하락하는 데 겨우 2주밖에 걸리지 않았다.

"오, 고점 대비 50%나 떨어지다니. 이건 과대낙폭이다!"라며 620달러 정도에 매수했다고 치자. 비트코인이 그 후 다시 1,000달러로 회복한 것을 보고 자신이 천재라고 착각할 수도 있다. 그러나 그 후 시작된 비트코인 암흑기는 매수하고 13개월 후인 2015년 1월 157달러까지 떨어지고서야 비로소 끝났다. 그리고 거기서 다시 거의 1년 반이 지난 2016년 6월이 되어서야 본전인 620달러를 찾을 수 있었다.

2013년 12월에 구매한 이 사람은 다음 사례에 해당할 확률이 높다.

1. 아마 2015년쯤 울면서 팔았을 것이다.

2. 끈기 있게 버텼다면 2016년 6월 본전에 도달한 직후 팔면서 다시는 비트코인을 쳐다보지도 않겠다고 맹세했을 것이다.

3. 닭 쫓던 개가 지붕 쳐다보는 것처럼, 2017년 말까지 30배 이상 오른 비트코인에 투자하지 못하고 바라보기만 했을 것이다.

4. "나 비트코인 600달러일 때 샀었어" "와, 대박! 부자 되셨네요!" "어, 근데 2016년 6월에 팔았어"라는 대화에서 보듯, 평생 비트코인을 원망할 것이다.

과연 이게 우연일까? 2차, 3차 반감기 사례도 살펴보자.

## 2차 반감기 후 50% 하락 후 매수

■ 2차 반감기 후 50% 하락 후 매수 전략                    (단위: 달러)

2차 반감기 후에도 비트코인이 약 2만 달러에서 절반 가격으로 빠지는 데 최고점을 기록한 후 한 달밖에 걸리지 않았다. 이때 1만 달러에 들어갔다면? 2018년 12월 3,000달러 근처까지 떨어지는 것을 보면서 큰 자괴감을 느꼈을 것이다. 1만 달러 회복은 2019년 6월에나 이루어졌다.

2018년 1월에 들어가서 오랫동안 존버한 투자자라면 아마 이때쯤 비트코인을 바퀴벌레처럼 싫어하게 되었을 것이며, 2019년 6월에 판 후 "내 앞에서 감히 비트코인이란 단어도 언급하지 마!"라면서 2020~2021년 상승장을 놓쳤을 가능성이 크다.

## 3차 반감기 후 50% 하락 후 매수

■ 3차 반감기 후 50% 하락 후 매수 전략　　　　　　　　　　(단위: 달러)

3차 반감기 후에는 고점(약 7만 달러)에서 50% 하락 시점까지 약 두 달 반이 소요되었다. 그렇다면 3.5만 달러 근처에 매수했을 텐데, 위 차트에서 보다시피 그때도 매수하기 좋은 시점은 아니었다. 그 후 비트코인은 조금 반등하나 싶더니 계속 추락을 거듭해서 2022년 11월 1.5만 달러까지 하락했으며, 2023년 11월에야 비로소 3.5만 달러까지 올라왔다. 2022년 1월에 비트코인이 반토막 나는 것 보고 들어갔다면 1년 10개월 후에야 비로소 본전을 찾은 것이다.

▶ 하락하는 '무릎' 가격에 사면 큰일 난다. 나중에 알고 보면 그 가격이 무릎이 아니라 가슴이나 어깨였을 수도 있다!

이제 우리는 반대로 해 보자. 최저점 대비 2배 상승 후 매수! 그런데 왜 2배일까? 내 생각에 비트코인은 변동성이 매우 강해서 하루에도 가격이 몇십 퍼센트씩 움직인다. 따라서 최저점 대비 2배 정도는 상승해야 하락장이 정말 끝나고 다음 상승장이 시작되었다는 신호로 볼 수 있다. 비트코인이 현재까지 최저점을 찍은 후 곧바로 V자로 반등한 경우는 거의 없었다. 낮은 가격대에서 횡보하는 것이 일반적인데, 한 2배 정도는 상승해야 비로소 그 횡보 범위를 넘어섰다고 볼 수 있다.

이 전략을 따랐으면 어땠을지 한번 살펴보자.

## 1차 반감기 전 최저점 대비 2배 상승 후 매수

1차 반감기가 시작된 것은 2012년 12월 28일이었는데, 만약 약 2011년부터 시장을 관찰했다면 2011년 중반에 장이 크게 올랐다가 잠깐 30달러를 찍고 추락하는 장면을 볼 수 있었을 것이다. 그 최고점 대비 6개월을 기다렸는데 최고점이 경신되지 않았으므로 이날부터 '최저점 대비 2배 상승'을 기다리면 되었다. 그런데 공교롭게도 2011년에는 11월 17일에 비트코인 가격이 최저점(2달러, 노란색 네모)을 찍은 후 한 달 만인 2011년 12월 25일에 다시 4달러(연두색 네모) 위로 상승했다. 만약 이날 매수했다면 어땠을까?

■ 1차 반감기 전 최저점 대비 2배 상승 후 매수 전략       (단위: 달러)

■ 매수 후 비트코인의 움직임                                          (단위: 달러)

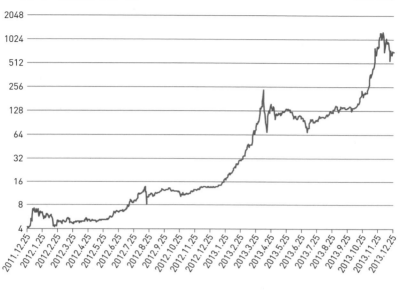

　　최저점보다 2배나 더 주고 들어갔으니 처음엔 조금 아쉬웠겠지만, 2
년 동안 180배 이상 상승했으니 괜찮지 않았을까? 2011년 크리스마스
에 자신에게 비트코인을 선물하고 2년 후 크리스마스에 다시 팔아서
자신에게 현금이라는 선물을 주는 멋진 그림, 상상만 해도 즐겁다. 어
쨌든 최저점을 찍고 2배 오를 때까지 기다렸다가 매수하는 타이밍은
꽤 괜찮았다.

## 1차 반감기 후 최저점 대비 2배 상승 후 매수

■ 1차 반감기 후 최저점 대비 2배 상승 후 매수 전략 (단위: 달러)

2013년 12월 비트코인은 1,242달러에 도달하며 최고점을 달성했다. 물론 그 당시에 그 가격이 최고점인지 알 수 있는 방법은 없다. 2014년 6월, 6개월이 지났는데 최고점인 1,242달러가 경신되지 않았으니 우리는 이 시기부터 '최저점 대비 2배 상승'이 있는지 관찰하면 된다. 위 차트에서 보다시피 비트코인은 계속 하락해서 2015년 1월 최저점(157달러, 노란색 네모)을 찍었다. 물론 그 시점에는 이게 저점인지 알 수 없다.

그러나 그 후 157달러라는 최저점은 경신되지 않았으며 비트코인은 2015년 10월 30일 최저점×2배에 해당하는 314달러(연두색 네모)를 돌

파했다. 우리는 이때 매수하면 된다. 이 타이밍을 2014년 1월 최고점
대비 50% 하락한 600달러 언저리(빨간색 네모)에서 매수한 투자자와 비
교해 보자. 1년 반이 넘는 하락장과 횡보장을 피해 가면서 심지어 매수
가는 더 낮았다.

■ 매수 후 비트코인의 움직임　　　　　　　　　　　　　　　　　　　(단위: 달러)

위는 2015년 10월 30일 비트코인 매수 시점 후 차트다. 비트코인을
살 시기에는 "157달러에 살 수 있었는데! 최저점 대비 2배 가격에 들어
갔으니 너무 비싼 거 아니야?"라고 슬퍼할 수도 있었겠지만, 이 차트를
보면 2015년 10월 30일이라는 매수 타이밍이 상당히 좋았다는 것을 알
수 있다. 거의 첫 달부터 수익이 나기 시작했으며 2년 동안 팔지 않았
을 경우 60배 이상 수익이 났다.

## 2차 반감기 후 최저점 대비 2배 상승 후 매수

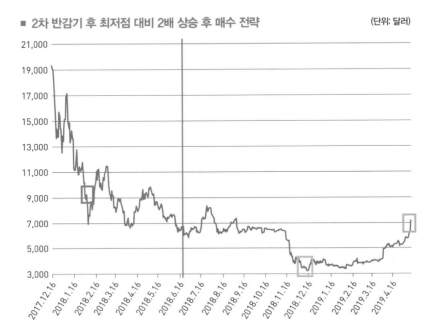

■ 2차 반감기 후 최저점 대비 2배 상승 후 매수 전략 　　　　　　(단위: 달러)

　　2차 반감기 후 비트코인은 2017년 12월 19,870달러까지 상승했다. '50% 하락 후 매수'한 사람은 2018년 1월(빨간색 네모)에 이미 매수했을 것이나 우리는 그렇게 어리석지 않다. 6개월 후인 2018년 6월까지 고점이 경신되지 않았으므로 우리는 이날부터 '저점 대비 2배'가 될 때를 기다린다.

　　저점은 계속 낮아져서, 2018년 12월 15일 비로소 최저점(3,169달러, 노란색 네모)을 찍었다(물론 이 시점에 최저점인지 알 수는 없다). 그 후 저점은 경신되지 않고, 2019년 5월 10일 비트코인 가격은 저점의 2배인

6,338달러(연두색 네모)를 돌파한다. 우리는 이때 매수한다.

■ **매수 후 비트코인의 움직임**                                                  (단위: 달러)

결론적으로 2019년 5월이 최적의 타이밍은 아니었다. 2020년 3월 코로나 직후가 가장 좋긴 했다. 그러나 최악의 타이밍도 아니었다. 2019년 5월 10일 6,338달러에 비트코인을 매수했다면, 코로나 하락장의 절정기였던 2020년 3월 12일부터 23일까지, 딱 11일 동안만 손실을 경험했을 것이다.

## 3차 반감기 후 최저점 대비 2배 상승 후 매수

■ 3차 반감기 후 최저점 대비 2배 상승 후 매수 전략      (단위: 달러)

3차 반감기 후 최고점은 2021년 11월에 왔다(68,978달러). 앞에서 이미 살펴봤지만, 여기서 50% 하락했다고 해서 2022년 1월(빨간색 네모)에 매수하는 것은 별로 현명한 전략이 아니었다. 6개월 후인 2022년 5월까지 고점이 경신되지 않았으므로 우린 이날부터 '최저점 대비 2배'를 기다린다.

저점은 계속 낮아져서, 최고점을 기록한 후 정확히 1년 만인 2022년 11월 9일까지 비트코인은 15,546달러까지 하락했다(-77.6%, 노란색 네모). 이 시기부터 저점은 경신되지 않았으며, 2023년 7월 13일 드디어 가격이 최저점 대비 2배인 31,092달러(연두색 네모)까지 올랐다. 매수!

참고로 나는 31,092달러까지 기다리지 않고, 욕심에 눈이 멀어 4월쯤 30,200달러에서 1차 매수를 강행했다. 그 후 가격이 빠졌고 결국 석 달 동안 물려 마음고생을 해야 했다.

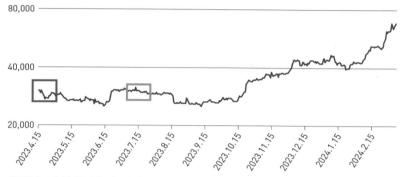

**■ 매수 후 비트코인의 움직임**

\* 빨간색 네모: 내가 (너무 빨리) 1차로 매수한 시기
연두색 네모: 정석적인 매수 타이밍. 비트코인이 저점 대비 2배 오른 날(7월 14일)

출처: www.binance.com.

위는 현재 진행 중인 비트코인 차트다. 2023년 4월 내가 매수한 후 가격은 하락했고, 결론적으로 7월 14일도 최선의 매수 시기는 아니었 다(저점, 고점을 지속적으로 정확히 잡을 수 있는 사람이 있다면 나에게 소개해 달 라. 나는 아직 그런 사람을 만나본 적이 없다). 그러나 비트코인 가격은 약 두 달 후인 9월 바닥을 다지고 10월부터 무섭게 상승했다. 11월 4만 달러, 2024년 2월 6만 달러를 넘어섰으며 3월 5일 달러 기준 역대 최고치인 69,000달러를 돌파했다.

## 이더리움은 어떨까?

이더리움도 최저점 대비 2배 상승했을 때 처음으로 매수하는 것이 좋을까? 만약 그랬을 경우 언제 매수가 이루어졌는지, 그 후 수익이 어느 정도 났는지 한번 살펴보자.

■ 이더리움 매수 시기(저점에서 2배 상승) + 그 후 수익률 (단위: %)

| 매수 시기 | 7일 경과 | 30일 경과 | 90일 경과 | 182일 경과 | 365일 경과 | 최고점 기록 시기 | 상승률 |
|---|---|---|---|---|---|---|---|
| 2015.10.27 | 14.28 | 1.31 | 183.52 | 863.73 | 1220.0 | 2018.1.13 | 163,221.9 |
| 2019.4.5 | −1.86 | 2.39 | 68.95 | 26.17 | −13.7 | 2021.11.8 | 2,780.7 |
| 2023.4.13 | −2.30 | 9.68 | −5.88 | −22.0 | 21.8 (23.12.28 기준) | | |

이더리움도 결론적으로 저점 대비 2배 올랐을 때 매수하는 전략이 나쁘진 않았으나, 세 번 다 처음 한 달 동안에는 수익이 별로 좋지 않았다는 것을 알 수 있다. 2023년 4월 13일에 2022년 저점 대비 2배 상승이 이루어졌는데, 이때 샀으면 6개월이 지나서야 재미를 볼 수 있었다.

따라서 이더리움의 경우 타이밍이 비트코인보다는 덜 정확하다고 볼 수 있다. 왜 그럴까? 아무래도 비트코인보다 변동성이 훨씬 크다 보니, 저점 대비 2배 돌파도 비트코인보다 더 빨리 이루어지기 때문이다. 두 코인의 저점 대비 2배 돌파 시기를 비교해 보자.

■ 저점 대비 2배 돌파 시기

| 비트코인 | 이더리움 | 두 코인의 본격 상승 시점 |
|---|---|---|
| 2015.11.2 | 2015.10.27 | 2016.5 |
| 2019.5.10 | 2019.4.5 | 2020.3 |
| 2023.7.14 | 2023.4.13 | 2023.10 |

앞서 설명한 바와 같이 이더리움의 2배 돌파가 비트코인보다 조금 빨리 이루어지는 것을 알 수 있다.

본격적인 상승장은 우리가 매수한 시점에 정확히 오지 않고 몇 달 후에 오는 경우가 많다. 한마디로 우리는 코인이 바닥을 다지고 본격적인 상승장이 시작되기 몇 달 전에 매수하고 기다리는 전략을 쓰는데, 이더리움의 2배 돌파 시기가 비트코인보다 빠르다면, 굳이 그 시기에 이더리움을 매수할 필요가 없다. 상승장이 오기까지 그만큼 더 기다려야 하기 때문이다.

▶ 이더리움도 비트코인이 최저점 대비 2배 돌파하는 시기에 같이 사면 된다!

나머지 알트코인도 마찬가지다. 이더리움보다 시가총액이 작은 알트코인들은 변동성이 더 커서 하루 만에 반토막 나는 경우도 허다하다. 따라서 알트코인의 경우 최저점 대비 2배 올랐다고 해서 매수했다가는 너무 빨리 들어가는 셈이 될 가능성이 크다.

▶ 따라서 알트코인도 비트코인이 최저점 대비 2배 오르기 전까지는 매수를 자제하자!

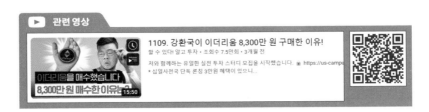

# 어느 정도 금액으로 어떻게 매수할까?

대부분의 사람들은 '무엇을 사느냐'가 가장 중요하다고 생각한다. 이런 사람들은 고수가 아니라 하수다. 내가 보기에 '무엇을 사느냐'는 성공 투자에서 10% 정도 비중에 불과하다.

'언제 사고파느냐'가 중요하다고 여기는 사람은 중수다. '언제 사고파느냐'는 성공 투자에서 20% 정도 비중을 차지한다.

투자의 고수는 '얼마를 베팅하느냐'가 투자의 핵심이라는 것을 안다. '얼마를 베팅하느냐'가 나머지 70% 비중을 차지한다. 따라서 이 내용을 정말, 정말 잘 숙지할 필요가 있는데 이 부분이 이 책의 나머지 내용에 비해 좀 어렵다. 그러니 여러 번 읽어 보자.

아래 두 사례를 살펴보자.


A: 정말 훌륭한 암호화폐를 훌륭한 타이밍에 매수! 30배 수익, 투자금은 100만 원!

B: 암호화폐라는 게 뭔지는 잘 모르지만 친구 강환국이 비트코인 산다고 하니까 같이 산다. 이 친구가 투자를 좀 잘하니까 10억 원쯤 베팅한다. 3배 수익.


A가 투자는 매우 잘한 건 맞지만 베팅 금액이 작아서 번 돈이 2,900만 원에 불과하므로 이 사람의 인생은 바뀌지 않는다. 그러나 B는 3배밖에(?) 못 벌었지만 베팅 금액이 커서 20억 원을 벌었으므로 인생이 꽤 좋

은 쪽으로 변한다. 집과 차 정도는 충분히 바꿀 수 있을 만큼 돈을 번 것이다. 이 사례만 봐도 '베팅 금액'이 상당히 중요하다는 것을 알 수 있다.

앞에서 투자의 진리는 '수익은 길게, 손실은 짧게'라고 말했는데, 이 둘은 상충하기 때문에 균형을 잘 맞출 필요가 있다. 내 자산이 1억 원이라고 가정하자.

① '수익은 길게'를 원한다면 1억 원 전액을 20배, 혹은 50배 선물에 베팅하면 짧은 시간에 큰돈을 벌 수 있다(수익은 길게). 그러나 내가 예측한 방향이 틀렸다면 순식간에 자산 전체를 날릴 수도 있다. 따라서 이 투자는 '수익은 길게'를 너무 중요시해서 '손실은 짧게'라는 원칙을 무시했다고 할 수 있다.

② '손실은 짧게'를 원한다면 1억 원 중 10만 원만 현물에 베팅하면 된다. 그럼 절대로 큰돈을 잃을 수 없다. 그러나 내 판단이 옳아서 수배, 수십 배 올라도 수익이 대단히 크지는 않을 것이다. 이 투자는 '손실은 짧게'를 너무 중요시해서 '수익은 길게'라는 원칙을 무시했다고 할 수 있다.

우리는 이 두 사례의 중간에서 절충점을 찾아야 한다. 도대체 얼마를 베팅해야 '수익은 길게'와 '손실은 짧게'의 균형을 찾을 수 있을까? 나는 다음과 같은 방법을 제안, 아니 강요한다. 아래의 방법을 사용하면 큰 손실을 피하는 동시에 큰 수익을 노릴 수 있다.

### 분할매수와 불타기의 위력

앞에서 자산의 10% 이상은 잃지 말라고 했는데, 사실 이 이상 잃으면 안되는 '금액'으로 계산하는 것이 더 쉽다.

본인이 감당할 수 있는 MDD는 자산 액수와 반비례한다. 만약 당신에게 자산이 많다면 10%만 잃어도 부담스러울 수 있다. 반면에 자산이 100만 원인 사람은 쿨 하게(?) 50% MDD를 감수할 수 있다. 손실액이 50만 원에 불과하므로 그 정도는 1~2주만 아르바이트를 해도 벌 수 있기 때문이다. 그런데 자산이 10억 원인 사람 중에 그렇게 쿨하게 50% MDD를 받아들일 사람은 별로 없다(나는 이런 사람을 딱 한 명 안다. 참고로 나는 아니다!). 자산이 10억 원이면 10%만 하락해도 펄펄 뛸 수밖에 없다. 10%여도 그 금액이 1억 원에 달하기 때문이다! 아무리 부자라고 해도 1억 원은 큰돈이고 그 돈을 잃으면 잠이 안 오게 마련이다.

예를 들어, 자산이 4억 원이고 코인 투자에서 절대로 4,000만 원 이상을 잃지 않고 싶은 김한국이라는 투자자가 있다고 가정하자. 김한국이 난생처음 비트코인에 투자한다고 가정할 때 첫 베팅에 얼마를 투입해야 할까?

1. **최대 손실 금액 설정**
   – 첫 거래의 최대 손실은 1,000만 원 정도로 한정하는 것이 좋을 것 같다. 한 방에 4,000만 원을 잃고 떠날 것이 아니면 여러 번 베팅할 수 있게 기회를 남겨 놓는 것이 좋기 때문이다.
   – 인생에서 새로운 시도를 하면 잘 안되는 것이 보통인데(창업한 기업의 95%가 망하지 않던가?) 희한하게도 사람들은 투자를 하면 쉽게 돈을 벌 수 있을 거라고 착각한다. 물론 그럴 가능성이 없진 않지만 일단 최악의 상황을 가정

하는 것이 좋다. 첫 거래에서는 최대 1,000만 원만 잃는 것을 목표로 하자.

## 2. 첫 베팅 금액

- 그럼 1,000만 원만 날리려면 얼마를 베팅해야 할까? 설마 1,000만 원? 자산이 4억 원인 사람이 쩨쩨하게 1,000만 원만 투자한다고?
- 그보다 나는 좀 더 큰 금액을 투자하는 대신 반드시 투자 전 손절 폭을 설정할 것을 추천한다.
- 뒤에 나올 '매도' 편에서 좀 더 자세히 설명하겠지만 비트코인의 경우 25% 정도의 손절 폭을 권한다.
- 그렇다면 첫 베팅에 4,000만 원을 투입할 수 있다. 25% 하락 시 손실을 1,000만 원으로 제한하고 빠져나올 수 있기 때문이다. 물론 속이 쓰리겠지만 괜찮다. 다음 기회를 노리면 된다.
- 이렇게 하면 '손실은 짧게'의 원칙을 지킬 수 있다. 일단 손실을 내가 목표로 했던 1,000만 원으로 제한한 것이 아닌가?

## 3. 첫 거래가 손절로 끝난 경우

- 첫 거래에서 비트코인이 25% 하락해 손절했다면 다음번에는 최대 손실 금액을 첫 거래의 80% 정도인 800만 원 정도로 조금 줄인다. 이 경우 3,200만 원을 투자하면 된다. 그러면 25% 하락 시 손절하면 3,200만 × 0.25 = 800만 원을 잃게 된다.
- 만약 두 번째 거래에서도 운이 좋지 않았다면 세 번째 거래에서는 3,200만 원의 80%인 2,560만 원을 투입하면 된다.

**■ 계속 손실이 나는 사례의 투자 금액 및 손실 금액**                (단위: 만 원)

| 베팅 횟수 | 베팅 금액 | 손절 시 손실 금액 | 누적 손실 |
|---|---|---|---|
| 1차 | 4,000 | 1,000 | 1,000 |
| 2차 | 3,200 | 800 | 1,800 |
| 3차 | 2,560 | 640 | 2,440 |
| 4차 | 2,048 | 512 | 2,952 |
| 5차 | 1,638.4 | 409.6 | 3,361.6 |
| 6차 | 1,310.7 | 327.7 | 3,689.28 |
| 7차 | 1,048.6 | 262.1 | 3,951.424 |

– 이렇게 손절 후 투자 금액을 80%로 줄이는 방법으로 투자했을 때 7번 연속
으로 실패하면 총 3,950만 원을 잃게 된다. 물론 뼈아프겠지만, 그래도 절대
로 잃으면 안 된다고 정한 가이드라인인 4,000만 원 아래다. 김한국은 7번
연속 깨졌지만 '손실은 짧게'라는 원칙은 훌륭하게 실천하고 있는 셈이다.

 사실 이 책의 매수 가이드라인을 잘 따른다면 비트코인에 투자해서
7번 연속으로 손절하는 사례는 나오지 않을 것이다. 그런데 김한국이
그 이루기 어려운 7번 연속 손절이라는 업적(?)에 성공했다고? 그렇다
면 나는 그에게 코인판을 떠나서 다른 투자처를 알아볼 것을 추천할 것
이다. 코인에 관해서는 재능이나 운이 너무도 없는 사람임이 틀림없기
때문이다. 그러나 이런 사람도 여기서 제시한 베팅 전략을 따랐다면 총
손실이 3,950만 원으로, 본인 자산의 10% 미만을 잃으면서 치명타를
피해 갈 수 있었다.

## 4. 매수한 코인이 오를 경우

- 지금까지 최악의 시나리오를 살펴보았다. 투자할 때는 늘 최악의 시나리오부터 먼저 검토해야 한다. 이제 김한국이 산 비트코인이 오르는 행복한 사례를 검토해 보자.
- 만약 비트코인이 김한국이 산 가격에서 5배 올라서 2억 원이 될 경우 4,000만 원을 투자했다면 1억 6,000만 원의 수익이 난다. 물론 이것만으로도 기분이 좋겠지만 김한국 입장에서는 조금 아쉽다. 더 투자했다면 더 벌었을 테니 말이다! 충분히 이해한다. 투자할 자금도 더 있고 코인이 5배나 올랐는데 겨우(?) 1억 6,000만 원밖에 못 벌면 얼마나 가슴이 아플까? 이건 '수익은 길게'라는 원칙을 제대로 응용한 것이 아니다.

이런 절호의 찬스를 제대로 활용하려면 '불타기'를 해야 한다. 불타기란 가격이 오를 때 더 투자하는 것을 의미한다.

- 쉽게 계산하기 위해 첫 거래에서 4,000만 원인 비트코인 1개를 샀다고 가정하자.
- 비트코인 가격이 5,000만 원으로 올랐다고 가정해 보자. 그렇다면 김한국은 비트코인 0.6개를 추가로 매수할 수 있다. 왜 하필 0.6개일까?
- 0.6개를 추가로 매수하면 4,000만 원에 1개, 5,000만 원에 0.6개를 사서 총 1.6개를 보유하게 되는데 투입한 금액은 총 7,000만 원이다(1 × 4,000만 원 + 0.6 × 5,000만 원). 손절 포인트를 새로운 최고점인 5,000만 원에서 25% 하락한 3,750만 원으로 상향 조정하면 손절 시 손실 금액은 1,000만 원이다.

$$(4,000만 원 - 3,750만 원) \times 1 + (5,000만 원 - 3,750만 원) \times 0.6 = 1,000만 원$$

보유 수량을 늘렸는데도 손절할 때 잃는 금액이 내가 최대 손실 목표로 했던 1,000만 원이다! 오른 자산을 추가로 매수해도 손절할 때 잃는 금액이 내가 감당할 수 있는 금액보다 높지 않다니, 이건 실로 놀라운 발견이 아닐 수 없다.

- '손실은 짧게'라는 원칙을 유지하면서 수익을 길게 가져가기 위해 보유 물량을 늘리는 데 성공했다.
- 여기서 가격이 아쉽게도 다시 3,750만 원으로 떨어진다면? 아쉽지만 손절한다. 그러나 김한국의 손실은 1,000만 원으로 제한된다.

### 5-1. 코인이 계속 오를 경우: 3차 매수, 최종 투입 금액 1억 원

- 코인이 또 25% 상승해서 6,250만 원이 되었다고 치자. 그러면 또 불타기를 해야 하겠지?
- 여기서는 4억 자산가 김한국이 코인에 투자하고 싶은 최종 금액이 1억 원이라고 가정하자. 자산의 25% 이상은 도저히 코인에 투자하고 싶지 않기 때문이다.
- 그렇다면 1차 매수(4,000만 원), 2차 매수(3,000만 원) 이후 남아 있는 3,000만 원을 3차 매수 때 투입하면 된다. 그러면 다음과 같은 상황이 생긴다.

■ 3회 분할 매수 과정 총정리 (단위: 만 원)

| 매수 횟수 | 매수 가격 | 매수 수량 (개) | 총 매수 금액 | 총 매수 수량 (개) | 평균 단가 | 손절 가격 | 손절 시 손실 금액 |
|---|---|---|---|---|---|---|---|
| 1차 | 4000.00 | 1.00 | 4000.00 | 1.00 | 4000.00 | 3000.00 | 1000.00 |
| 2차 | 5000.00 | 0.60 | 7000.00 | 1.60 | 4375.00 | 3750.00 | 1000.00 |
| 3차 | 6250.00 | 0.48 | 10000.00 | 2.08 | 4807.69 | 4687.50 | 250.00 |

- 3차 매수에서 6,250만 원이 된 비트코인 0.48개를 매수하면 1억 원이 소진된다. 비트코인 총 보유량은 2.08개!
- 손절가는 6,250만 원에서 25% 하락한 4,687.5만 원이다. 이 경우 250만 원 손실을 본다(1,000만 원보다 작다!)
- 여기서 비트코인이 1차 매수 가격에서 5배 오른 2억 원까지 간다면? 그럼 비트코인을 2.08개 보유하고 있으니 4억 1,600만 원 가치의 비트코인을 소유하게 되며, 투자 원금이 1억 원이니 3억 1,600만 원을 번 셈이다.
- 1차 매수 후 불타기 없이 보유했을 경우 1.6억 원을 벌었을 것이므로 이 정도면 '수익은 길게'라는 요건을 충족했다고 볼 수 있다.
- "비트코인이 4,000만 원일 때 2.5개를 사서 1억 원을 투자했으면 5억 원이 되는 게 아니냐?"라고 반박하는 독자도 분명 있을 것이다. 물론 이 말도 맞는다. 하지만 만약 비트코인이 4,000만 원을 찍고 이후 하락했다면? 3,000만 원까지 25% 하락했다면 손실은 최대 목표 손실 금액인 1,000만 원을 훨씬 넘은 2,500만 원에 도달했을 것이다. 즉, 1억 원 전액 매수 전략은 '손실은 짧게' 원칙을 지키지 못한다고 볼 수 있다.

결론적으로 이렇게 3번에 걸쳐서 분할매수 + 불타기를 할 경우

① 최대 손실이 1,000만 원이 넘지 않게 제한했고(손실은 짧게!)
② 불타기를 통해 수익을 꽤 크게 가져가는 데 성공했다(수익은 길게!)

### 5-2. 코인이 계속 오를 경우: 3차 매수, 최종 투입 금액 2억 원

- 이번엔 4억 자산가 김한국이 코인에 투자하고 싶은 최종 금액이 2억 원이라고 가정해 보겠다. 그까짓 것, 어차피 인생은 한방! 코인에 자산 50%를 투자할 수도 있는 것 아닌가!
- 그렇다면 아래와 같은 분배가 어떨까(물론 이건 하나의 예시일 뿐이다)?

■ 5회 분할 매수 과정 총정리 (단위: 만 원)

| 매수 횟수 | 매수 가격 | 매수 수량 (개) | 총 매수 금액 | 총 매수 수량 (개) | 평균 단가 | 손절 가격 | 손절 시 손실 금액 |
|---|---|---|---|---|---|---|---|
| 1차 | 4000.00 | 1.00 | 4000.00 | 1.00 | 4000.00 | 3000.00 | 1000.00 |
| 2차 | 5000.00 | 0.60 | 7000.00 | 1.60 | 4375.00 | 3750.00 | 1000.00 |
| 3차 | 6250.00 | 0.60 | 10750.00 | 2.20 | 4886.36 | 4687.50 | 437.50 |
| 4차 | 7800.00 | 0.55 | 15040.00 | 2.75 | 5469.09 | 5850.00 | (1047.50) |
| 5차 | 9800.00 | 0.51 | 20038.00 | 3.26 | 6146.63 | 7350.00 | (3923.00) |

- 이런 식으로 5번에 걸쳐 분할매수 하면 된다.
- 만약 비트코인이 2억 원까지 오르면 총 매수 수량이 3.26개니까 6.52억 원의 비트코인을 보유하게 된다. 투자 원금은 2억 원이니 4.52억 원을 버는 셈이다.

이번에도 김한국은

① 최대 손실이 1,000만 원이 넘지 않게 제한했고(손실은 짧게!)
② 불타기를 통해 총 2억 원을 투자하여 수익을 꽤 크게 가져가는 데 성공했다(수익은 길게!)

분할 매수와 불타기, 어떤가? 손실은 짧게 유지하는 동시에 수익을 꽤 길게 가져갈 수 있는 훌륭한 절충안이라고 생각되지 않는가?

알트코인의 경우는 무엇이 다를까? 알트코인은 변동성이 비트코인보다 훨씬 커서 손절 폭 25%는 너무 좁을 수 있다. 하루에도 20%, 30% 움직이는 것이 알트코인인데 겨우(?) 25% 하락해서 손절한다면 하루종일 손절만 할 수도 있다!

손절 폭을 40%로 조정하고, 1차 매수 가격이 1만 원, 최대 투자 금액은 1억 원, 최대 손실 금액은 1,000만 원이라고 가정해 보자. 그렇다면 아래와 같이 투자할 수 있다.

■ 알트코인 5회 분할 매수 과정 총정리 (단위: 만 원)

| 매수<br>횟수 | 매수<br>가격 | 매수<br>수량<br>(개) | 총 매수<br>금액 | 총 매수<br>수량<br>(개) | 평균<br>단가 | 손절<br>가격 | 손절 시<br>손실 금액 |
|---|---|---|---|---|---|---|---|
| 1차 | 1.00 | 2500.00 | 2500.00 | 2500.00 | 1.00 | 0.60 | 1000.00 |
| 2차 | 1.30 | 870.00 | 3631.00 | 3370.00 | 1.08 | 0.78 | 1002.40 |
| 3차 | 1.70 | 1200.00 | 5671.00 | 4570.00 | 1.24 | 1.02 | 1009.60 |
| 4차 | 2.20 | 1550.00 | 9081.00 | 6120.00 | 1.48 | 1.32 | 1002.60 |
| 5차 | 2.90 | 317.00 | 10000.30 | 6437.00 | 1.55 | 1.74 | (1200.08) |

- 1차 투자 금액이 작다. 손절 폭이 커져서 첫 투자 금액이 2,500만 원에 불과하다(그래야 40% 깨져도 손실이 1,000만 원을 넘지 않는다).
- 그 후 매수 금액도 비트코인보다 훨씬 더 소극적인 것을 볼 수 있으며, 비트코인은 3차 매수에서 벌써 1억 원에 도달했는데 알트코인은 같은 금액에 도달하기까지 5회나 걸린다는 것을 확인할 수 있다.
- 아무래도 변동성이 높은 자산이므로 최대 손실 폭을 지키려면 소극적으로 투자할 수밖에 없다.

## 분할매수는 구체적으로 어떻게 해야 할까?

### 1. 고정 퍼센티지 상승 후 매수

아마 눈치챘겠지만 바로 전 예시에서는 비트코인이 25% 정도, 알트코인이 30% 정도 상승하면 추가 매수를 강행했다. 여기서 정답은 없는데, 나는 비트코인은 20~25% 상승 시 추가 매수, 알트코인의 경우 30~40% 상승 시 추가로 매수하는 것이 어떨까 싶다.

### 2. 시간 매수

다음과 같이 규칙을 정해 주기적으로 매수한다.

**첫 매수 후**   – 마지막 매수 시기

– 매수 횟수

예를 들어, 지금까지 비트코인의 흐름을 보면 아주 강한 상승장은 반감기 6개월 후쯤 왔으므로, 이때를 마지막 매수 시기로 삼고 매수 횟수를 4회로 가정하자.

그렇다면 64쪽에서 본 것과 같이 4차 반감기 전 2023년 7월 13일에 최저점 대비 2배 상승 시기가 왔으니 이날 1차로 매수한다. 2024년 4월 30일이 반감기 시작이라고 하면 마지막 매수일은 2024년 10월 30일이 될 것이다.

그렇다면 첫 매수와 마지막 매수가 15개월 17일 정도 떨어져 있으니, 그 사이에는 5개월 6일 후에 두 번째, 세 번째 매수를 각각 진행하면 된다.

■ 매수 타이밍 예시

| 매수 차례 | 매수 시기 |
| --- | --- |
| 1차 매수 | 2023.7.13 |
| 2차 매수 | 2023.12.19 |
| 3차 매수 | 2024.5.25 |
| 4차 매수 | 2024.10.30 |

참고로 여기서는 정답이 있을 수 없다. 예를 들면 반감기 시작일을 마지막 매수 시기로 보고 매수 횟수를 3회로 할 수도 있고, 반감기 3개월 후를 마지막 매수일로 잡고 5회에 걸쳐서 매수할 수도 있다. 아니면 그냥 12개월 동안 매월 말 적금하듯이 매수해도 된다!

## 3. 베이스 돌파 시 추가 매수

여기서는 내가 실전에서 사용하는 방법을 밝힌다. 이 방법은 제시 리버모어Jesse Livermore, 니콜라스 다비스Nicolas Darvas, 윌리엄 오닐William O'Neill, 마크 미너비니Mark Minervini, 데이비드 라이언David Ryan 등 위대한 트레이더들이 주로 사용하는 방법이다.

나는 최대 4번에 걸쳐서 비트코인을 분할매수 할 예정이다(지금까지 3번 들어갔는데 한 번 더 들어갈까 고민 중이다). 이때 각각 내 자산의 2%, 2%, 2%, 1%를 투입하여 최대 자산의 7%를 투입할 예정이다(맞다, 나 쫄보다. 그러나 자산이 수십억 원이면 7%도 꽤 큰 금액이다).

1차 매수는 가격이 최저점 대비 2배 오르는 2023년 7월 13일에… 하려 했는데 욕심에 사로잡혀 4월에 이미 30,200달러에 매수했다. 단, 자산의 2%가 아니라 절반인 1%만 매수했다.

이후 매수는 '베이스 돌파 시' 진행할 예정이다. 베이스란 등산할 때 등산객들이 잠시 쉬는 '베이스캠프'를 연상하면 된다. 주식이든 코인이든 대세상승장이라고 해서 가격이 수직으로 상승하지는 않는다. 중간에 횡보 구간을 거치는데, 가격이 이 구간을 돌파하는 시기를 추가 매수 타이밍으로 본다.

2차 반감기 후 최저점 대비 가격이 2배 오른 시점은 2015년 10월 30일이었다. 이때 1차 매수가 이뤄진 후 비트코인은 수직으로 상승하지 않고, 상승한 후 박스권을 형성했다가 다시 상승한 후 박스권을 형성하는 것을 되풀이했다.

다음 차트에서 세 개의 박스권을 돌파하는 시기를 '베이스 돌파'에 성공한 것으로 보고 2차, 3차, 4차 매수를 진행한다.

■ 2차 반감기 후 최저점 대비 2배 상승 후 비트코인 가격 　　　　(단위: 달러)

여기서도 "그냥 2015년 10월에 다 사지, 뭐하러 분할매수로 더 비싸게 사나?"라며 이해하지 못하는 사람들도 있을 것이다. 다음 사례를 보자.

3차 반감기 후 저점 대비 가격이 2배 오른 시점은 2019년 5월이었다. 그런데 그때 들어간 사람은 처음 두 달을 제외하고는 한동안 재미를 보지 못했다. 만약 2019년 5월에 자산의 10%를 투자했다면 코로나가 창궐했던 2020년 3월까지 극심한 스트레스를 경험했을 것이다.

원래 비트코인이 저점 대비 2배 상승한 시기에 상승장이 본격적으로 시작한 적은 없지 않은가? 그 첫 매수는 '정탐병' 정도로 생각하고, 실제로 상승장이 와서 본격적으로 베이스 돌파가 이루어질 때 추가로 매수한다.

그리고 결과론적으로 2020~2021년에는 큰 상승장이 왔지만, 미래에도 이 패턴이 되풀이된다는 보장은 어디에도 없다. 다시 한번 강조하지만, 비트코인이 내 시나리오대로 흘러가지 않고 2024년 상반기 내에 꺾이기 시작해서 다시 5,000달러로 하락할 수도 있다. 이 경우에 전량 매수했다면 큰 손실을 피할 수 없을 것이다.

사실 전량 매수, 분할매수 둘 다 장단점이 있어서 어느 방법이 옳다고는 말할 수 없다. 공격적인 투자자에게는 전량 매수, 방어적인 투자자에게는 분할매수를 추천한다(참고로 나는 방어적인 투자자다).

■ 전량 매수 vs. 분할매수

| 방법 | 장점 | 단점 |
|------|------|------|
| 전량 매수 | 강한 상승장에 더 많이 번다. | 하락장이 오면 손실이 크다.<br>상승장이 더디게 오면 큰 자금이 묶인다. |
| 분할매수 | 하락장이 와도 덜 잃는다.<br>상승장을 확인하면서 추가로 매수한다. | 강한 상승장에 덜 번다. |

■ 상승장 베이스 돌파 분할매수 사례(2019~2021년)　　　　　　　　　(단위: 달러)

그런데 만약 분할매수를 했다면 1차 매수는 2019년 5월에, 2차 매수는 위 차트 좌측에서 돌파가 이루어진 6월쯤 했을 것이다. 그러나 3차, 4차 매수는 코로나가 어느 정도 잠잠해진 2020년 하반기에 이루어졌을 것이고, 투자한 금액이 적으므로 스트레스를 덜 받았을 것이다.

3차 상승장에서 나는 구체적으로 어떻게 투자했느냐고? 내 실전투자 경험은 17장에 공개해 두었으니 참고하자.

# 05

비트코인 대신
알트코인?

# 알트코인 투자 전략

2023년 7월 14일 나는 평소 즐겨 보는 유튜브 채널 '리섭'의 라이브 방송을 보고 있었다. 채널 운영자인 심리섭 님은 "나는 코인을 좋게 봐서 1억 원으로 알트코인 20개를 샀다. 상승장에서는 알트코인이 비트코인보다 더 많이 오르더라. 그리고 사고파는 유혹에 빠질까 봐 코인 앱을 지웠다"라고 말했다.

참고로 2024년 3월 내가 직접 확인해 본 결과 심리섭 님은 코인 투자 금액도 다소 증액했으며 이때까지 번 수익도 상당했다. 나에게 투자 결과를 보여준 것을 보니 앱을 지웠다가 다시 설치한 모양이다.

코인에 실제로 투자한 사람은 코인 상승장에서 알트코인이 비트코인을 훨씬 능가하는 수익을 낸 것을 기억할 것이다. 비트코인의 경우 시가총액이 수천억 달러에 도달했기 때문에 단기간에 가격이 수십 배 오를 것으로 기대하기는 어렵다. 그러나 상대적으로 가벼운 알트코인은 가능할 수도 있지 않을까?

반감기 전후로 비트코인과 알트코인의 수익률을 분석해 보자.

다음 표에 표기한 알트코인은 2차 반감기 당시 시가총액 상위 10위까지 코인이다(알트코인은 워낙 많아서 모두 소개할 수 없으니 양해를 부탁한다).

■ **2차 반감기(2016.7.11) 전 수익률**

| 구분 | 12개월 | 9개월 | 6개월 | 3개월 | 1개월 |
|---|---|---|---|---|---|
| 비트코인 | 121%(1) | 161%(3) | 44%(4) | 53%(2) | 9%(5) |
| XRP | -26% | 20% | 0% | 0% | 10% |

| | | | | | |
|---|---|---|---|---|---|
| LTC | −5% | 30% | 15% | 26% | −17% |
| Dash | 109% | 236% | 1,553% | 25% | 3% |
| Doge | 50% | 142% | 36% | 33% | 13% |
| BTS | −22% | −22% | 58% | −2% | 31% |
| PPC | −36% | −1% | −7% | −8% | 4% |
| XLM | −41% | −9% | 0% | 0% | 11% |
| NXT | 118% | 314% | 409% | 321% | 348% |
| NMC | −47% | 0% | −14% | −16% | −1% |
| 알트코인 평균수익률 | 11% | 79% | 72% | 42% | 45% |

\* 비트코인 수익률 뒤 괄호 안 숫자는 10개 코인 중 수익률 순위.

비트코인은 2차 반감기가 시작되기 10개월 전부터 본격적으로 상승하기 시작했다. 이 시기에는 몇몇 알트코인은 상승했지만 전반적으로 비트코인의 상승세를 따라가지 못했다.

반감기 6개월 전부터는 알트코인의 평균 수익률이 비트코인과 비슷했다. 참고로 알트코인은 코인별로 수익률이 굉장히 상이하다. 반감기 6개월 전 NXT는 409%나 상승한 반면 PPC는 오히려 7% 하락한 것을 볼 수 있다.

■ 2차 반감기(2016.7.11) 후 수익률

| 구분 | 1개월 | 3개월 | 6개월 | 12개월 | 18개월 | 최대상승 |
|---|---|---|---|---|---|---|
| BTC | −9%(9) | −1%(6) | 21%(2) | 259%(11) | 1,958%(9) | 2,973%(10) |
| XRP | −2% | 25% | 5% | 2,749% | 30,829% | 44,451% |
| LTC | −8% | −6% | −6% | 981% | 5,466% | 9,141% |
| Dash | 40% | 47% | 41% | 1,982% | 12,438% | 18,632% |

| 구분 | 1개월 | 3개월 | 6개월 | 12개월 | 18개월 | 최대상승 |
|---|---|---|---|---|---|---|
| Doge | −13% | −20% | −25% | 500% | 3,630% | 6,970% |
| BTS | −4% | 0% | −26% | 2,423% | 11,485% | 28,214% |
| PPC | −8% | −26% | −36% | 384% | 1,654% | 2,444% |
| XLM | 9% | 48% | 17% | 708% | 31,316% | 51,813% |
| NXT | −6% | −64% | −83% | 137% | 1,092% | 6,239% |
| NMC | −14% | −18% | −46% | 459% | 1,194% | 2,162% |
| ETH | 12% | 12% | −8% | 1,722% | 10,792% | 13,182% |
| NEM | −20% | −52% | −58% | 1,777% | 17,797% | 22,423% |
| 알트코인 평균수익률 | −1% | −5% | −20% | 1,257% | 11,609% | 18,697% |

\* 비트코인 수익률 뒤 괄호 안 숫자는 10개 코인 중 수익률 순위.

2차 반감기 후에는 처음 석 달 동안에는 비트코인, 알트코인 둘 다 수익률이 그저 그랬다. 그 후 첫 상승은 비트코인이 기록했는데, 반감기 12~18개월 후 어마어마한 상승장이 오니 알트코인의 수익률이 비트코인을 압도했다. 그중 XRP, BTS 등 반감기 후 수백 배 오른 코인도 있었다.

3차 반감기 전후 수익도 분석해 보자.

■ 3차 반감기(2020.5.4) 전 수익률

| 구분 | 12개월 | 9개월 | 6개월 | 3개월 | 1개월 |
|---|---|---|---|---|---|
| BTC | 52%(1) | −19%(4) | −6%(3) | −3%(3) | 29%(5) |
| ETH | 26% | −7% | 11% | 10% | 43% |
| XRP | −28% | −32% | −27% | −18% | 20% |
| BCH | −16% | −27% | −15% | −35% | 3% |
| LTC | −40% | −49% | −23% | −31% | 15% |

| | | | | | |
|---|---|---|---|---|---|
| EOS | −46% | −35% | −20% | −34% | 17% |
| BNB | −26% | −38% | −18% | −6% | 24% |
| XLM | −25% | −11% | −7% | 11% | 75% |
| ADA | −25% | −12% | 15% | −12% | 53% |
| TRX | −31% | −27% | −18% | −16% | 35% |
| XMR | −11% | −31% | −4% | −19% | 13% |
| 알트코인 평균수익률 | −22% | −27% | −11% | −15% | 30% |

* 비트코인 수익률 뒤 괄호 안 숫자는 10개 코인 중 수익률 순위.

비트코인은 3차 반감기 약 1년 전인 2019년 상반기에 꽤 크게 상승
했는데, 그 상승은 비트코인과 이더리움에만 국한되었으며 나머지 알
트코인 수익률은 저조했다. 그 후 2020년 코로나가 올 때까지 비트코
인, 알트코인 둘 다 수익률이 별로 좋지 않았는데 그나마 비트코인이
좀 덜 하락했다. 2020년 3월부터 반감기가 시작된 5월까지의 수익률은
비트코인과 알트코인이 비슷했다.

■ 3차 반감기(2020.5.4) 후 수익률

| 구분 | 1개월 | 3개월 | 6개월 | 12개월 | 18개월 | 최대상승 |
|---|---|---|---|---|---|---|
| BTC | 10%(5) | 26%(7) | 59%(5) | 499%(9) | 592%(4) | 677%(9) |
| ETH | 18% | 89% | 95% | 1,468% | 2,094% | 2,253% |
| XRP | −6% | 38% | 9% | 537% | 451% | 708% |
| BCH | 4% | 17% | −2% | 286% | 142% | 566% |
| LTC | 1% | 22% | 16% | 549% | 331% | 779% |
| EOS | −2% | 9% | −15% | 129% | 64% | 437% |
| BNB | 3% | 31% | 58% | 3,483% | 3,185% | 3,907% |
| XLM | 11% | 50% | 2% | 584% | 402% | 962% |

| 구분 | 1개월 | 3개월 | 6개월 | 12개월 | 18개월 | 최대상승 |
|---|---|---|---|---|---|---|
| ADA | 79% | 189% | 93% | 2,468% | 3,898% | 6,148% |
| TRX | 4% | 25% | 49% | 633% | 535% | 944% |
| TRX | 4% | 25% | 49% | 633% | 535% | 944% |
| XMR | 12% | 43% | 88% | 523% | 328% | 754% |
| BSV | −4% | 11% | −26% | 60% | −16% | 119% |
| XTZ | 8% | 17% | −33% | 97% | 128% | 202% |
| 알트코인 평균수익률 | 11% | 45% | 28% | 901% | 962% | 1,482% |

\* 비트코인 수익률 뒤 괄호 안 숫자는 10개 코인 중 수익률 순위.

3차 반감기 후 처음 6개월간 수익률은 비트코인과 알트코인이 비슷했다. 그런데 역시 반감기 후 12~18개월이 지나 큰 상승장이 오자 알트코인의 수익률이 비트코인을 압도했다. 이더리움(ETH), 바이낸스코인(BNB), 에이다(ADA) 같은 코인은 20배 이상 상승했다.

■ 3차 반감기(2020.5.4) 전 수익률

| 구분 | 6개월 | 9개월 | 12개월 |
|---|---|---|---|
| BTC | 25.43%(7) | 47.97%(4) | 48.01%(4) |
| ETH | 33.16% | 28.44% | 27.39% |
| BNB | 42.23% | 33.21% | −4.32% |
| XRP | 16.75% | −7.87% | 37.54% |
| ADA | 122.35% | 108.05% | 65.22% |
| DOGE | 35.86% | 20.71% | 18.13% |
| MATIC | 59.82% | 46.22% | 3.65% |
| SOL | 219.23% | 331.86% | 358.91% |
| DOT | 98.72% | 65.25% | 45.22% |

| | | | |
|---|---|---|---|
| LTC | 10.12% | −19.48% | −14.42% |
| TRX | 11.40% | 32.08% | 56.96% |
| 알트코인 평균수익률 | 64.96% | 63.85% | 59.43% |

\* 비트코인 수익률 뒤 괄호 안 숫자는 10개 코인 중 수익률 순위.

4차 반감기가 약 4개월 남은 2023년 12월 말 기준으로 볼 때, 코인은 2022년 11월 저점을 찍고 2023년 10월 말부터 본격적으로 상승을 시작했다(왼쪽 표에서 6개월로 표기한 시점, 즉 반감기 6개월 전). 그전까지는 비트코인과 알트코인의 수익률이 비슷했다가 10월 후부터는 알트코인 수익률이 비트코인을 능가하는 것을 볼 수 있다.

▶ 알트코인은 과거에 보통 상승장 끝부분, 우리가 '미친 상승장'이라고 부르는 구간에 비트코인을 압도하는 큰 수익을 냈다. 2차, 3차 반감기 모두 상승장 초기에는 오히려 비트코인이 앞서가는 편이었고, 상승장 중반 구간에는 비트코인과 알트코인의 수익률이 비슷했다.

그렇다면 다음과 같은 두세 가지 전략이 가능하다.

① **정적 자산배분: '비트코인 저점 후 2배 상승' 시점에 비트코인뿐만 아니라 5~10개 알트코인에 분산투자하는 방법이다.**
　　– 이번 사례처럼 시가총액 상위 코인을 살 수도 있고, 뒤에 나오는 단기전략을 참고해서 다른 알트코인을 살 수도 있다.

② 동적 자산배분: '비트코인 저점 후 2배 상승' 시점에 비트코인을 우선 사고, 상승장 후반이 다가올수록 알트코인의 수량을 점진적으로 높여가는 방법이다.

– 나는 반감기 1년 전쯤인 2023년 4월 비트코인과 이더리움을 매수했으며, 2023년 11월쯤 알트코인에 투자를 개시했다. 2024년 1월쯤 비트코인과 이더리움 비중을 70%, 알트코인 비중을 30%로 가져가다가 2024년 3월 비중을 50-50으로 조정했다.

**1034. 비트코인 반감기 전후 알트코인 사면 10배 이상 벌 수 있을까?**

할 수 있다! 알고 투자 · 조회수 4.6만회 · 7개월 전

안녕하세요 알려님들! 오늘은 내년 4월 말 반감기 전후로 비트코인과 알트코인의 수익률 차이에 대해 분석했습니다. 분석 결론은 비트코...

## 대부분의 알트코인은 장기보유하면 큰일 난다

앞에서도 설명했지만 비트코인 등 암호화폐는 보통 반감기 12~18개월 후 고점을 기록했다가, 그 후 1년 동안 큰 하락장을 겪는다. 이때는 비트코인이든 이더리움이든 알트코인이든 아무것도 보유하면 안 된다(아니면 아예 해외 거래소에 가서 숏을 하는 것을 권한다).

이 구간에서 비트코인은 통상적으로 75~95% 하락했는데 알트코인의 하락률은 이보다 훨씬 더 심하다. 만약 여러분에게 어떤 신념이 있어서 "일시적으로 90% 하락하는 게 뭐 대수야? 어차피 비트코인은 앞으로 100억 원은 될 텐데!"라며 안 팔고 20년 동안 보유한다면, 말리지는 않겠다. 내 돈이 아니라 여러분 돈이 아닌가?

여기서 중요한 점은 매수 + 죽을 때까지 보유하는 전략이 비트코인

에서는 통할 수도 있지만, 대부분의 알트코인에서는 이렇게 투자하면 큰일 난다는 것이다. 세상에는 수만 개의 알트코인이 있는데 그런 코인을 발행한 사람들 중 도덕성이 대단히 훌륭한 사람이 그리 많지는 않다. 그냥 본인이 코인을 발행해 팔아서 큰돈을 버는 것이 가장 중요하지, 코인 투자자들이 어떻게 되는지에는 그다지 관심 없는 발행자가 대다수다.

만약 당신이 그런 코인 발행자라면 큰 상승장이 왔을 때 어떻게 하겠는가? 당연히 코인을 매우 많이 발행해서 투자자들에게 팔아넘길 것이다! 상승장에서는 이 전략이 통한다. 모든 코인이 오르니까 무지성 투자자들이 이 코인도 그럴 줄 알고 사주기 때문이다. 그런데 상승장이 끝나면? 상승장 전에는 코인 수가 1억 개였는데 상승장 후에는 10억 개인 상황이 발생한다. 코인 수만 10배 늘어난 것이다. 이런 '인플레이션 코인'이 장기적으로 가치를 제대로 유지할 리 없다. 어떤 상장기업이 상승장만 오면 미친 듯이 유상증자하는 것을 생각하면 이해가 빠를 것이다.

비트코인은 2140년까지 2,100만 개만 발행하도록 스케줄이 정확히 정해져 있으며, 공급량이 지속적으로 감소하는 '희소성 있는 코인'이다. 그렇기 때문에 장기적으로 우상향할지 확신할 수는 없으나 그럴 가능성이 충분하다. 그러나 인플레이션 코인은 10년을 보유하든 100년을 보유하든 절대 장기적으로 우상향하지 않을 것이므로, 장기 투자용으로는 무조건 피해야 한다.

그렇다면 알트코인 중 디플레이션 코인은 없을까? 내가 아는 것 중에는 이더리움(ETH)과 바이낸스코인(BNB)이 있다. 이더리움은 실물 경제에서 쓰이는 코인이며 이더리움을 기반으로 한 서비스도 많다. 이더리움 네트워크가 활성화되면 사용자들은 이더리움 재단에 수수료로 가스비를 지급해야 하는데, 이때 공급량보다 소각량이 많아지는 구조가 발생한다. 이 경우에 이더리움은 디플레이션 구조를 띠며 우상향할 가능성이 있는 코인이라고 할 수 있다. 바이낸스도 거래소를 운영하면서 벌어들이는 수수료의 일부를 바이낸스코인 소각에 사용하기 때문에 바이낸스코인도 디플레이션 코인이라고 볼 수 있다.

이런 디플레이션 코인은 장기투자가 가능하다(다시 말하지만 나는 비트코인 반감기 12~18개월 후 모든 코인 자산을 처분할 것을 강력하게 권장한다). 이더리움과 바이낸스코인의 공통점은 이 두 코인을 운영하는 재단이 실물 경제에서 실제로 돈을 벌고 있으며, 그 돈의 일부를 코인 소각에 사용한다는 점이다. 대부분 알트코인 발행자들에게는 이러한 비즈니스 모델이 없다.

이더리움과 바이낸스코인 말고 다른 디플레이션 코인이 더 있을까? 분명 있을 것이다. 그건 여러분이 직접 연구해서 찾아보기 바란다! 나는 이런 연구를 할 의지가 별로 없다. 나중에 소개하겠지만 '가격의 추세'만 보고 투자하는 전략이 있기 때문이다. 단, 인플레이션 코인을 사서 장기 보유하는 우는 절대로 범하지 마라.

# 역대 최고가를 돌파했는데
# 지금 매수해도 될까?

지금까지 비트코인과 알트코인을 매수할 괜찮은 타이밍이 '최고점 대비 저점 도달 후 2배 상승'이라는 것을 배웠고, 어떤 식으로 분할매수 하면 '수익은 길게, 손실은 짧게' 투자할 수 있는지도 배웠다. 그런데 '최고점 대비 저점 도달 후 2배 상승' 시기는 2023년 7월이었으며 당시 가격은 3만 달러 정도였는데 겨우 8개월 지난 2024년 3월 현재 69,000달러까지 상승했다. "그렇다면 이미 버스는 떠난 게 아닐까? 너무 비싸니 지금 사면 안 되겠지?"라며 슬퍼하는 독자도 있을 것이다. 다행히도 버스는 아직 떠나지 않았다! 지금도 기회는 충분하다.

## 1. 역대 최고가 돌파

비트코인이 1년 이상 휴식기를 거친 후 역대 최고가를 돌파한 사례가 지금까지 세 번 있었다. 2013, 2017, 2020년이다. 그 이후 가격이 어떻게 움직였나 살펴보자.

| 최고점 돌파 | 돌파 X일 후 상승률(%) | | | | 최대 상승 폭 | 최대 상승일 | 돌파 며칠 후? |
|---|---|---|---|---|---|---|---|
| | 30일 | 90일 | 180일 | 365일 | | | |
| 2013.02.20 | 143.49% | 328.75% | 311.96% | 272.57% | 4000.00% | 2013.12.04 | 287일 |
| 2017.01.04 | -15.46% | -6.93% | 115.07% | 1079.47% | 1436.86% | 2017.12.16 | 346일 |
| 2020.12.16 | 73.36% | 177.18% | 94.57% | 142.82% | 245.67% | 2021.11.09 | 328일 |

2013년 역대 최고가 돌파는 1차 반감기(2012.12.28) 2개월 후쯤 이루어졌는데, 그 후 한 달 만에 143% 추가로 상승했으며, 10개월 후인 12월 4일까지 무려 41배(!)의 추가 상승이 있었다.

2017년 역대 최고가 돌파는 2차 반감기(2016.7.11) 6개월 후쯤 발생했으며, 석 달 정도 조정을 받다가 2017년 4월부터 폭등하기 시작해서 비트코인은 2017년 12월까지 역대 최고가 돌파 대비 1,436% 상승했다.

2020년 역대 최고가 돌파는 3차 반감기(2020.5.4) 7개월 후였으며, 그 후 석 달 동안 177%의 추가 상승이 있었다. 2021년 5월 악재가 몇 개 터져서 가라앉았다가 가을에 다시 상승해서 2021년 11월 최고점을 달성했다. 역대 최고가 돌파 대비 상승 폭은 245% 정도였다.

이 사례를 보면 몇 가지 공통점을 찾을 수 있다.

① **최근에는 역대 최고가 돌파가 반감기 6개월 후쯤 이루어졌다(2013년에는 조금 더 빨리 왔다).**
② **역대 최고가 돌파 후 비트코인은 약 11개월 정도 추가로 상승했다.**

이 논리가 이번에도 유효하다면 역대 최고가 돌파는 '매수 기회'임을 알 수 있다. 아직 1년 정도 돈 벌 기회가 남아있는 것이다.

그런데 왜 반감기 6개월 후쯤 역대 최고가 돌파가 이루어질까? 반감기는 채굴 가능한 비트코인의 양이 절반으로 줄어드는 것을 의미하는데, 이 경우 채굴 기업의 수익성이 줄어든다. 따라서 반감기가 오면 원래 자본력이 약한 채굴 기업은 가뜩이나 수익성이 더 줄어들었으므로 채굴한 비트코인을 비용을 조달하기 위해 곧바로 시장에 내다 파는데, 6개월 정도는 그렇게 버티다가 파산하는 경우가 비일비재하다. 그 후에는 자본력이 강한 채굴 기업만 남으며, 이들은 채굴한 비트코인을 곧바로 팔 필요가 없을 정도로 여유가 있다. 따라서 매도 물량이 줄어들고 가격이 폭등한다.

### 2. 2024년이 여느 해와 다른 점

올해 역대 최고가 돌파는 3월 초에 이루어졌는데, 반감기가 올해 4월 22일인 점을 감안하면 평소보다 빨리 온 것을 알 수 있다.

그 이유는 2024년 1월 비트코인 현물 ETF 승인이 이루어졌기 때문이 아닌가 싶다. 2013, 2017, 2020년 비트코인 상승장은 주로 개인이 주도했는데, 이제는 기관들이 막대한 자금을 동원해 ETF를 통해 자유롭게 비트코인을 매수할 수 있게 되었다. 금에 투자할 수 있는 ETF도 2003년 발행되었는데, 이후 기관 자금이 유입되면서 가격이 9년 연속으로 오른 사례도 있다.

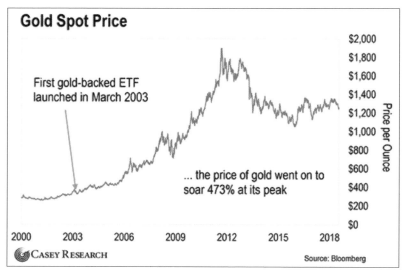

출처: 블룸버그.

군중심리는 개인뿐만 아니라 기관에 종속된 펀드매니저들에게도 적
용된다. 경쟁 기관 펀드매니저가 비트코인 현물 ETF로 초과수익을 내
서 보너스를 많이 받아 갔다면 나도 그렇게 하고 싶은 것이 사람 심리
아니겠는가? 따라서 기관이 비트코인 현물 ETF에 투입하는 금액이 생
각보다 커질 수 있다.

### 3. 언제까지 오를까?

비트코인이 역대 최고치를 돌파하면 약 11개월 정도 추가 상승이 이
루어진다는 것을 배웠다. 그런데 원래 비트코인은 반감기 12~18개월
후까지 성장하는 경향이 있다. 그렇다면 이번 상승장에는 어떨까?

일단 역대 최고가 돌파는 2024년 3월에 이루어졌으므로 11개월 후인 2025년 2월까지는 계속 상승할 가능성이 커 보인다. 그런데 반감기 12~18개월은 2025년 4~10월에 해당하는데, 2025년 2월 후에도 추가 상승이 이루어질까?

나는 '기관 자금'이라는 호재가 있어서 이번 상승장에서는 두 가지 시나리오가 가능하다고 본다.

① 상승 기간은 지난 역대 최고가 돌파와 비슷하나(약 2025년 2월까지) 상승 폭은 우리가 상상하는 것보다 클 것이다.
　– 나를 포함해서 대부분 사람들은 비트코인이 2~3배 정도 추가로 상승할 수 있다고 믿지만, 그 이상의 상승이 나올 수도 있을 것으로 보인다.
② 상승 폭은 무난한 편(2~3배)이나 상승 기간이 길어질 것이다.
　– 금 현물 ETF 발행 후에도 추가 상승 기간이 매우 길었다.

두 시나리오 모두 매수자 입장에서는 좋은 시나리오다.

## 4. 알트코인

역대 최고가 돌파 이후 비트코인의 추가 상승을 분석해 보았다. 이번에는 알트코인에 대해 알아보자. 동일 구간에 알트코인은 어느 정도 상승했을까?

■ 2017.1.4 역대 최고가 돌파 이후 비트코인, 알트코인의 가격 변화

| 코인명 | 돌파 X일 후 상승률(%) | | | | 최대 상승 폭 |
|---|---|---|---|---|---|
| | 30일 | 90일 | 180일 | 365일 | |
| ETH | 38.92% | 496.70% | 3424.97% | 9162.30% | 16629.13% |
| XRP | 1.16% | 860.43% | 3973.49% | 36027.51% | 52943.34% |
| LTC | −10.39% | 71.66% | 821.40% | 5044.52% | 6293.52% |
| XMR | −8.38% | 44.17% | 206.30% | 2398.43% | 3187.97% |
| ETC | −0.65% | 89.25% | 1181.57% | 1903.58% | 2818.78% |
| DASH | 51.91% | 408.19% | 1444.88% | 9264.92% | 11346.39% |
| REP | 3.83% | 190.04% | 555.83% | 1651.97% | 2271.80% |
| MAID | 54.97% | 79.84% | 362.03% | 871.94% | 1096.04% |
| STEEM | −0.81% | 2.17% | 919.79% | 1766.87% | 3875.93% |
| DOGE | −7.42% | 114.79% | 989.11% | 3838.54% | 7402.19% |
| BTC | −15.46% | −6.93% | 115.07% | 1079.47% | 1436.86% |
| 알트코인 평균 | 12.32% | 235.72% | 1387.94% | 7193.06% | 10786.51% |

2017년 역대 최고가 돌파 이후 비트코인은 최대 1,436% 올랐으나 이더리움은 167배, 리플은 530배 오르는 등 알트코인의 상승률은 훨씬 높았다.

■ 2021.1.4 역대 최고가 돌파 이후 비트코인, 알트코인의 가격 변화

| 코인명 | 돌파 X일 후 상승률(%) | | | | 최대 상승 폭 |
|---|---|---|---|---|---|
| | 30일 | 90일 | 180일 | 365일 | |
| ETH | 108.62% | 214.51% | 325.40% | 601.16% | 686.11% |
| XRP | −45.77% | −13.57% | 72.67% | 64.48% | 205.67% |
| LTC | 73.70% | 162.56% | 108.45% | 94.15% | 338.12% |

| | | | | | |
|---|---|---|---|---|---|
| LINK | 79.20% | 122.66% | 80.51% | 58.24% | 304.10% |
| BCH | 73.88% | 102.56% | 123.12% | 76.40% | 462.64% |
| ADA | 146.69% | 587.79% | 911.95% | 774.87% | 1790.65% |
| DOT | 247.15% | 647.87% | 351.42% | 505.37% | 1001.57% |
| BNB | 56.98% | 809.42% | 1159.97% | 1861.58% | 2137.29% |
| XLM | 73.58% | 123.84% | 97.08% | 57.98% | 319.21% |
| XMR | 5.05% | 53.50% | 71.94% | 30.35% | 218.42% |
| EOS | −2.96% | 39.52% | 78.73% | 17.17% | 268.67% |
| TRX | 3.29% | 75.81% | 145.24% | 212.34% | 453.80% |
| DOGE | 178.47% | 1699.45% | 9863.14% | 5118.06% | 17747.05% |
| BTC | 73.36% | 177.18% | 94.57% | 142.82% | 245.67% |
| 알트코인 평균 | 76.76% | 355.84% | 1029.97% | 728.63% | 1994.87% |

2020년 12월 역대 최고가 돌파 후에도 비트코인은 최대 245% 상승했으나 도지코인(DOGE)은 178배, 바이낸스코인(BNB)은 22배 상승하는 등 상승 폭이 훨씬 높았다. 역대 최고가 경신 이후 상승장에서는 비트코인보다 알트코인의 상승률이 훨씬 크다는 것을 확인할 수 있다.

## 5. 요약

① 비트코인은 보통 반감기 6개월 후쯤 역대 최고치를 경신하며, 약 11개월 정도 추가로 상승한다.

② 이번에는 현물 ETF 승인으로 인한 기관 참여로 인해 반감기 1개월 전 역대 최고치 경신이 이루어졌다.

③ 기관 참여로 인해 이번 상승장은 1. 상승 폭이 매우 크거나 2. 상승 구간이 평소

보다 더 길어질 수 있다.

④ 비트코인 역대 최고가 돌파 이후 비트코인의 추가 상승 폭도 무시할 수 없었으나 알트코인의 상승 폭은 그보다 훨씬 컸다.

# 06

예술 같은
비트코인 매도 전략

# 매수만큼 중요한 매도법(계량 매도 전략)

대부분 투자 책은 '무엇을 사느냐'에 가장 많은 관심을 기울이고 그 다음으로 '언제 사느냐'에 관심을 둔다. 그런데 매도를 잘하는 것도 매수 못지않게 중요하다. 언제, 어떻게 매도하느냐에 따라 수익이 크게 좌우되기 때문이다. "매수는 기술이고 매도는 예술이다"라고 했던가? 몇 가지 매도 방법을 소개한다.

## 1. 정해둔 비중을 넘어가면 포지션 줄이기

이건 매우 행복한 시나리오다. 나의 사례를 예로 들면, 앞에서 자산의 7%를 4번에 걸쳐 투자할 의향이 있다고 밝혔다. 나는 코인 비중이 내 자산의 25%를 넘어서면, 시장 상황과 상관없이 일부를 매도해서 비중을 다시 25%로 맞출 것이다. 예를 들어, 자산이 50억 원일 때 7%인 3.5억 원을 투자했는데, 코인이 크게 올라서 총 자산 60억 원 중 18억 원을(30%) 차지하게 되었다. 이럴 경우 코인 비중을 25%인 15억 원으로 맞추기 위해 코인을 3억 원어치만큼 매도해 이익을 실현한다.

코인, 특히 알트코인은 하룻밤 자는 사이에 50%나 급락하는 경우도 충분히 있을 수 있다. 그런데 전 재산의 30%, 40%, 50%의 절반이 하루 만에 사라진다면 속이 말이 아닐 것이다. 물론 25%의 절반을 잃는 것도 마음이 아프겠지만 이만큼이 내가 감당할 수 있는 최고치인 것 같다. 이 방법을 사용하면 상당한 금액을 수익으로 확정 지을 수 있지 않을까?

그러나 솔직히 이 시나리오는 거의 로또 맞을 확률과 비슷해서 실현 가능성이 그다지 높지는 않다. 아, 그래도 로또 1등 당첨 확률보다는 이 시나리오가 성공할 확률이 높은 것도 사실이다.

## 2. 시간 분할로 매도하기

가장 심플한 방법이다. 코인은 반감기 후 12~18개월 후까지 급등하는 패턴을 띠므로, 이 시기에 아래 표와 같이 분할매도 할 수도 있다. 이렇게 하면 최고점에 팔 수는 없겠지만 너무 빨리 팔아서 땅을 치고 후회할 가능성을 줄일 수 있다.

■ 4차 반감기 1년 후부터 매도 시작

| 매도 시기 | 금액 |
|---|---|
| 2025년 4월 말 | 이 시기 포트폴리오의 1/7 |
| 2025년 5월 말 | 남은 금액의 1/6 |
| 2025년 6월 말 | 남은 금액의 1/5 |
| 2025년 7월 말 | 남은 금액의 1/4 |
| 2025년 8월 말 | 남은 금액의 1/3 |
| 2025년 9월 말 | 남은 금액의 1/2 |
| 2025년 10월 말 | 나머지 금액 전액 |

3차 반감기 후에는 다음 차트와 같이 매도가 이루어졌을 것이다. 일단 반감기 1년 후인 2017년 7월에 전량 매도하는 것보다는 분할매도했을 때 수익률이 훨씬 더 높았다. 물론 2017년 최고점에 전량 파는 것이 가장 좋았겠지만, 그건 사실 현실적이지 않다.

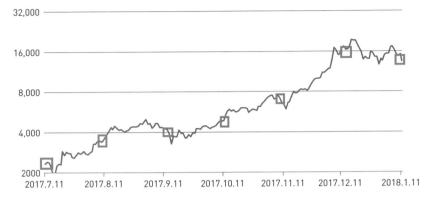

(단위: 달러)

### 3. 이동평균선을 활용해서 매도하기

이 전략은 고점을 찍고 하락하기 시작한 코인을 팔 때 사용하는 방법이다. 일단 반감기 후 코인은 보통 1년 정도는 상승한다. 그러므로 반감기 후 1년이 지나는 날부터 이동평균선을 잘 관찰하다가, 가격이 이동평균선보다 낮아지면 팔면 된다.

그럼 어떤 이동평균선을 사용할까? 사실 정답은 없지만, 중기/중장기/장기 추세를 대표하는 50일/120일/200일 이동평균선을 사용해 보자.

■ 이동평균선 하향 돌파 시 매도금액

| 이동평균선 하향 돌파 | 매도금액 |
| --- | --- |
| 50일 이동평균선 | 포트폴리오의 1/3 |
| 120일 이동평균선 | 나머지 금액의 1/2 |
| 200일 이동평균선 | 나머지 금액 |

구체적으로 어떤 식으로 매도가 이루어지는지 살펴보자.

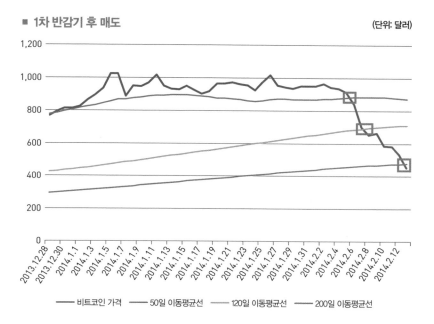

■ 1차 반감기 후 매도                                    (단위: 달러)

범례: 비트코인 가격 / 50일 이동평균선 / 120일 이동평균선 / 200일 이동평균선

만약 2011년에 '최저점 대비 2배 올랐을 때 매수' 전략을 활용했다면 2011년 12월 말에 약 4달러 정도일 때 비트코인을 매수했을 것이다. 일단 반감기 1년 후인 2013년 12월 28일까지는 아무것도 하지 않는다. 그 당시 비트코인 가격은 거의 800달러까지 상승했다. 물론 뒤돌아보면 비트코인이 최고가를 찍은 12월 5일 1,239달러에 매도했으면 참 좋았을 것이다! 그러나 이런 가정은 역시 현실적이지 않다. 그보다는 다음 표와 같이 매도하는 것이 현실적이지 않을까?

■ **이동평균선 하향 돌파 시기 및 가격**

| 이동평균선 하향 돌파 | 시기 | 가격(달러) |
| --- | --- | --- |
| 50일 이동평균선 | 2014.2.6 | 828.87 |
| 120일 이동평균선 | 2014.2.8 | 687.89 |
| 200일 이동평균선 | 2014.2.13 | 476.66 |

　"날짜 간격도 가깝고 가격도 큰 차이 안 나는데, 그냥 50일 이동평균선 하향 돌파 시 다 팔지, 번거롭게 왜 저렇게 하느냐?"라는 의견도 있겠지만, 이것은 결과론적인 이야기다. 만약 2014년 2월 7일에 반등을 시작해서 비트코인이 다시 3,000달러로 폭등했다면 어떻게 됐을까? 땅을 치고 울지 않았을까? (바로 이어지는 다음 사례를 음미하기 바란다!) 이런 측면 때문에 이동평균선을 활용해 매도할 때도 이런 식으로 '분할매도'할 것을 추천한다.

■ **2차 반감기 후 매도**  (단위: 달러)

2차 반감기 전 '최저점 대비 2배 올랐을 때 매수' 전략을 썼다면, 2015년 10월 말 314달러 정도에서 비트코인을 매수했을 것이다. 반감기 1년 후인 2017년 7월 11일까지 그대로 두었다면, 이 시기에 비트코인 가격이 2,324달러였으니 벌써 8배 정도 수익이 났을 것이다.

■ 이동평균선 하향 돌파 시기 및 가격

| 이동평균선 하향 돌파 | 시기 | 가격(달러) |
|---|---|---|
| 50일 이동평균선 | 2017.9.13 | 3,870.29 |
| 120일 이동평균선 | 2018.1.30 | 10,397.19 |
| 200일 이동평균선 | 2018.2.5 | 6,937.08 |

그 후에도 비트코인은 한동안 상승하다가 2017년 9월 13일 50일 이동평균선 밑으로 하락했다. 그런데 분할매도를 하지 않고 이날 모두 매도했다면? 그 후 비트코인이 거의 2만 달러까지 추가로 상승했으니 얼마나 속상했을까! 이날 1/3만 매도했다면 나머지 2/3는 2만 달러까지 올랐을 테니 훨씬 편히 잠자리에 들었을 것이다.

참고로 나는 이동평균선이 깨져서 일부 매도했는데, 아래 두 조건이 충족될 경우에는 재매수를 권한다.

**– 가격이 내가 판 가격보다 올라 있다.**
**– 가격이 새 이동평균선을 다시 상회한다.**

이 사례의 경우 2017년 9월 13일 비트코인 가격인 3,870.29달러가

50일 이동평균선보다 낮아서 매도했는데, 10월 13일에 가격이 5,637 달러까지 상승했고 120일, 200일 이동평균선을 상회하므로 재매수를 추천한다.

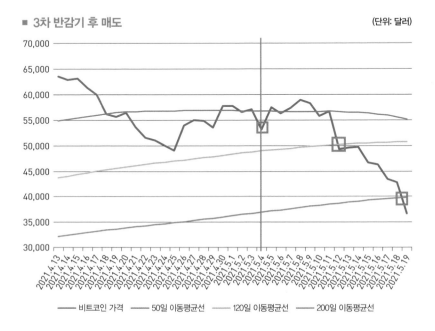

■ 3차 반감기 후 매도 (단위: 달러)

— 비트코인 가격  — 50일 이동평균선  — 120일 이동평균선  — 200일 이동평균선

3차 반감기 후 '최저점 대비 2배 상승 후 매수'의 기회는 2019년 5월에 찾아왔다. 이때 6,338달러 정도에 매수한 경우, 반감기 약 1년 후인 2021년 5월까지 10배 이상 수익이 났다.

우리는 반감기 후 1년은 기다리는 인내심 많은(?) 투자자가 아닌가? 2021년 5월 4일이 반감기 후 1년이 되는 날이었는데, 마침 이날 가격이 50일 이동평균선 아래로 하락했으므로 1차로 매도하고, 5월 12일과 19

일에 2차, 3차로 매도하면 되었다.

■ 이동평균선 하향 돌파 시기 및 가격

| 이동평균선 하향 돌파 | 시기 | 가격(달러) |
|---|---|---|
| 50일 이동평균선 | 2021.5.4 | 53,244.07 |
| 120일 이동평균선 | 2021.5.12 | 49,504.08 |
| 200일 이동평균선 | 2018.5.19 | 39,807.00 |

### 4. 최고점 대비 20~25% 하락 시 매도하기

아래에서 상세하게 설명하겠지만, 비트코인의 고점 대비 하락 폭이 일봉 기준으로 20~25% 미만이면 상승장 내 조정장으로 볼 수 있다.

하지만 하락 폭이 이보다 커지면 상승장 내 조정장이라기보다는 하락장의 시작으로 보는 것이 더 합리적이다. 그러니 비트코인이 고점 대비 20~25% 이상으로 하락하면 비트코인, 알트코인을 매도하는 방법은 어떨까?

### 2.~4.를 섞는 것도 가능하다

2. 시간 분할 매도와 3. 이동평균선 매도, 4. 최고점 대비 20~25% 하락 매도 중에서 어떤 매도 전략을 선택해야 할까? 사실 정답은 없다. 잘 모르면 몇 가지 전략을 섞는 방법도 있다.

① 반감기 12개월 후부터 매월 매도하는 것을 원칙으로 한다.
② 그 이전이라도 가격이 이동평균선을 하향 돌파하거나 고점 대비 25% 하락하면 매도한다.

4차 반감기를 예로 들면, 다음 스케줄대로 한 달에 한 번 매도하는 것을 원칙으로 삼는다.

■ **4차 반감기 1년 후부터 매도 시작**

| 매도 시기 | 금액 |
|---|---|
| 2025년 4월 말 | 이 시기 포트폴리오의 1/7 |
| 2025년 5월 말 | 남은 금액의 1/6 |
| 2025년 6월 말 | 남은 금액의 1/5 |
| 2025년 7월 말 | 남은 금액의 1/4 |
| 2025년 8월 말 | 남은 금액의 1/3 |
| 2025년 9월 말 | 남은 금액의 1/2 |
| 2025년 10월 말 | 나머지 금액 전액 |

위 표대로 4월 말, 5월 말에 한 번씩 매도했다고 치자. 그런데 6월에 가격이 50일 이동평균선 아래로 떨어졌다면? 그렇다면 남은 금액의 1/3을 판다. 6월 말까지 다른 변동사항이 없다면, 남아 있는 금액의 1/5을 추가로 판다. 만약 7월에 120일, 200일 이동평균선이 깨지거나 고점 대비 25% 하락하면 전량 팔고 이번 반감기 거래를 종료한다.

## 매수만큼 중요한 매도법(비계량 매도 전략)

지금까지 누구나 따라 할 수 있는 '기술'적인 매도 전략들을 살펴봤다. 그런데 이 세 가지 전략만으로는 비트코인을 최고점에 팔기 어렵다. 다음과 같은 이유 때문이다.

① 코인 비중이 내 자산의 25%를 넘긴 후에도 지속적으로 상승할 가능성이 있다.
② 시간 분할 매도는 몇 개월에 걸쳐 매도하는 방식이므로 당연히 최고점에서 팔 수 없다.
③ 이동평균선 하향 돌파 시 매도 전략으로는 당연히 최고점이 지난 후 매도할 수밖에 없다.
④ 고점 대비 20~25% 하락 시 매도는 당연히 '최고점' 매도가 아니다.

이에 '예술적이고', '비계량적인' 매도 방법을 두 가지 소개한다.

## 1. 오르는 코인 매도 전략

위대한 트레이더인 마크 미너비니, 데이비드 라이언 등이 추천하는, 최고점과 근접한 시점에 매도할 수 있는 전략을 소개한다. 참고로 이 전략은 레시피처럼 정확한 공식을 만들기도 어렵고, 저자인 나도 한 번도 시도한 적이 없기에 성공한 적도 없음을 밝힌다. 그래도 알아두면 도움이 될 수 있으니 이 지면을 빌려 소개한다.

### a. 다섯 번째 베이스 후에는 '급등 후 매도'를 노려라

앞에서 분할매수를 할 때 '베이스'라는 개념을 배웠다. 베이스는 가격이 상승하다가 박스권에서 횡보하며 '쉬어 가는' 구간으로 볼 수 있다. 2015~2017년 비트코인 차트를 보면, 가격이 2년 넘게 우상향하는 중에 베이스가 여섯 개 보인다.

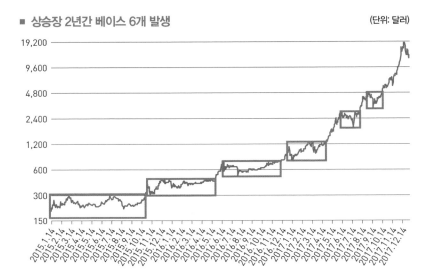

■ 상승장 2년간 베이스 6개 발생                                   (단위: 달러)

　1997년, 2021년 미국 투자 대회US Investing Championship 우승자인 마크 미너비니는 상승장에서는 베이스가 몇 개 형성되었는지가 중요하다고 했다. 그는 첫 번째와 두 번째 베이스 돌파 매수는 상승장 초기 단기인 만큼 장기투자 매수에 유리하고, 세 번째와 네 번째 베이스 돌파 매수는 '트레이딩 기회'로 사용하고, 다섯 번째 베이스 돌파부터는 상승장의 에너지가 소진될 무렵이니 극도로 조심해야 한다고 했다. 즉, 다섯 번째 베이스 이후에는 이동평균선 하향 돌파 등 '떨어질 때' 파는 것보다는 '오를 때' 파는 것을 추천했다.

## b. 다섯 번째 베이스 이후 상승 속도가 가파르게 상승한다

미너비니는 상승장 끝 무렵에는 몇 달, 몇 년 동안 완만하게 상승하던 자산이 매우 가파르게 오른다고 했으며, 주식의 경우 1~3주 만에 25~50%, 어떤 경우에는 1~2주 만에 70~80%가 오른다고 주장했다. 또한, 최근 10~15일 동안 오른 날의 비율이 70% 이상이면 최고점에 매우 근접한 것으로 볼 수 있다고 했다.

2017년 상승장 끝 무렵에는 실제로 비트코인이 10월 10일 여섯 번째 베이스 돌파에 성공한 후 완만하게(?) 상승하다가 11월 18일부터 12월 7일까지 19일 만에 가격이 2배가 되었다. 12월 6일, 7일은 가격이 각각 무려 17.85%, 22.55%나 올랐으며, 12월 7일 기준으로 최근 14일 동안 가격이 떨어진 날은 하루밖에 없었다.

만약 다음 날인 12월 8일에 매도했다면 15,000~16,000달러 선에서 매도가 가능했을 것이다. 사실 이게 최고점은 아니었다. 최고점은 며칠 뒤인 12월 17일에 기록한 19,870달러였으며, 그 후 비트코인은 80% 이상 하락했다.

다시 한번 강조하는데, 나도 다음 상승장에서 이 기법을 사용해 고점에 인근해서 팔 자신이 전혀 없다. 나는 예술가가 아니라 퀀트 기술자이기 때문이다. 그래도 여러분 중에는 예술 감성이 뛰어난(?) 독자들이 있을 수도 있으므로 이 기법을 소개했다. 자세한 내용은 마크 미너비니의 『Think & Trade Like a Champion』을 참고하기 바란다(아직 국내에 번역되지 않았다).

## 2. 휴먼 인디케이터(Human Indicator) 매도

세상에는 '투자의 신'으로 불릴 만한 투자자는 드물지만 '마이너스의 손'으로 불릴 만한 사람은 꽤 많다. 하는 투자마다 다 실패하고, 유일한 재능이라고는 고점 매수, 저점 매도인 마이너스의 손들! 이들을 우리는 '휴먼 인디케이터'라 부른다.

만약 당신의 친구, 친척, 지인 중 이런 사람이 있다면 절대로 멸시한다는 느낌을 주지 말고 아주 친하게 지내라. 그리고 그들이 어떻게 투자하는지 동향을 늘 파악하라. 그리고 그들이 투자 얘기를 할 때 절대 가르치려 하지 말고 그냥 경청하라. 그러면 그들은 당신에게 그들의 해괴망측한 논리를 설명하며 본인이 왜 매수 또는 매도를 했는지, 또는 왜 현금으로 보유하는지 침을 튀기며 설명할 것이다.

물론 그들이 하는 얘기는 다 무시해도 되지만 당신이 그들을 매우 존중한다는 느낌을 주어야 한다. 당신이 포착해야 하는 것은 그들의 매수와 매도 행위 자체다. 상승장 내내 코인을 부정적으로 보면서 엄청난 상승을 놓친 그들이 전 재산 또는 재산의 큰 비중을 코인에 투자하거나, 심지어 돈을 빌려서 투자하는 그 시기가 바로 당신이 코인을 파는 날이다.

이 방법은 매우 시니컬하고 농담처럼 들리지만 나는 100% 진지하다. 세상에는 정확히 고점에 매수하고 저점에 매도하는, 투자 실패에 특화된 인재들이 존재한다. 이런 휴먼 인디케이터를 여러 명 확보하는 것이 유리하다. 이들이 공부하거나 경험, 지식을 쌓아 꽤 준수한 수준의 투자자가 되는 경우도 아주 가끔은 보았다.

비슷한 방법으로 평소 코인에 투자하지 않던 사람들이 코인판에 몰려드는 시기에 탈출하는 방법도 있다. 보통 직장인들은 직장에서 주식, 코인 얘기를 많이 하기 때문에 그들이 투자를 시작할 때는 보통 끝무렵은 아니다.

내 경험상 투자에 매우 관심이 없는 부류는 다음과 같다.

**① 20대 초중반 여성, 특히 서비스직**

**② 서울과 많이 먼 곳에서 사는 노년층**

이들이 당신에게, 또는 당신 지인에게 어떻게 코인 거래소에 접속해서 코인을 매수하는지 물으면 그 상승장은 끝났거나 곧 끝난다고 보면 된다. 신속하게 매도하여 당신의 자산을 지켜라.

전문직 중에서도 투자에 무지한 사람들이 매우 많으나 그들은 프라이드가 매우 강해서 당신에게 조언 따위를 구하지는 않는다(이들은 자존심이 강하며, 자산이 어느 정도 있기 때문에 크게 베팅한 뒤 본인의 실수를 인정하기 싫어서 손절하지 않다가 큰 손실을 보는 경우가 흔하다).

# 암호화폐 장기투자 전략

•

지금까지 비트코인 반감기를 사용한 암호화폐 장기투자 전략을 배웠다. 다시 한번 요약해 보자.

1. 비트코인 등 암호화폐는 반감기 12~18개월 전부터 완만하게 상승하며, 반감기 후에도 처음에는 완만하게 상승하다가 뒤로 갈수록 상승 폭이 점점 더 커지면서 반감기 12~18개월 후 고점에 도달한다. 고점을 찍은 후 1년이 넘는 기간에 걸쳐 매우 크게 하락한다.

2. 첫 매수 타이밍은 비트코인 고점 대비 6개월 이상 지났고, 저점 대비 가격이 2배 올랐을 때가 매우 좋다. '무릎에서 사서 어깨에 팔기'를 실현하되, 바닥을 찍고 올라오는 무릎에서 산다. 이때를 비트코인, 이더리움, 알트코인의 첫 진입 타이밍으로 보자.

3. 첫 타이밍에 전량 매수할 수도 있고 분할매수도 가능하다. 분할매수에는 시간 분할 매수와 베이스 돌파 시 매수가 있다.

4. 매도 방법에는 자산 비중이 높아질 때 매도, 시간 분할매도, 이동평균선 하회 시 매도, 최고점 대비 20~25% 하락 시 매도, 최고점 근접 매도, 휴먼 인디케이터 매도 등이 있다. 이 중 몇 개 방법을 섞을 수도 있다.

5. 반감기 12~18개월 후 정점이 지나가면 아주 혹독한 하락장

이 오는데, 이때는 코인을 팔거나 코인 투자를 중단하고 제 발 가만히 있자. 이기는 투자에는 '아무것도 안 하는 타이밍'이 반드시 있다. 워런 버핏도 "투자의 묘수는 할 일이 없으면 아무것도 안 하는 것(The trick is, when there is nothing to do, do nothing)"이라고 했다. 첫 매수 타이밍이 올 때까지 코인 투자는 하지 말고 본업에 충실하거나 부동산, 주식 투자 등 다른 자산군을 통해 돈을 불리자. 참고로 강환국이라는 사람이 꽤 괜찮은 주식 퀀트투자 책을 여러 권 썼다는 소문이 있다.

- 이 구간에 숏(공매도)을 하는 것도 추천할 만하지만, 나도 아직 안 해 봐서 적극적으로 추천하거나 이 책에 그 방법을 기술하기는 어렵다.

 957. 암호화폐 매수 타이밍 적기, 처음으로 제 암호화폐 계좌를 공개합니다.
팔 수 있다! 알고 투자 · 조회수 7.9만회 · 6개월 전
강환국작가와 GPT가 만든 주식투자 전략서 <주식투자, 강환국이 묻고, GPT가 답하다> : https://bit.ly/3LgI7Qc GPT가 투자에 대해 얼마나 알겠어라고...

## 주의: 상승장 내 조정장에 팔면 안 된다!

보통 코인 상승장은 반감기 12~18개월 전 시작해서 반감기 12~18개월 후 끝난다. 그런데 그 기간에 수익을 다 얻는 투자자는 거의 없다.

물론 저점에서 사서 고점에서 파는 것도 불가능하지만 무릎에 사서 어깨에 파는 사람도 거의 없다. 그 이유는 다음과 같다.

① **조금 오르면 수익을 확정하기 위해 팔아버린다.**
   – 이 책에 나온 전략대로 투자하고 추세가 꺾이는 낌새가 보인다고 해서 지나치게 빨리 익절하지 마라!
② **중간에 조정이 오면 못 견디고 손절/익절한다.**

대세 상승장이라고 해도 코인이 매일, 매주, 매월 오르는 것은 아니다. 따라서 상승장 안에서도 강도 높은 조정장이 오는 경우가 많은데 (기억하라, 코인의 변동성은 주식의 3~4배이고 알트코인의 변동성은 비트코인보다 훨씬 크다는 것을!) 이때 흔들리지 않는 것이 중요하다. 그러면 상승장 내 조정장은 보통 어느 정도 규모일까?

■ **2차 반감기 전후 상승장 중 조정장(2015.11~2017.11)**

| 하락 시작 | 하락 멈춤 | 기간 | 하락 폭 | 본전 만회 | 본전 만회 소요 기간 |
|---|---|---|---|---|---|
| 2015.11.4 | 2015.11.11 | 7일 | -23.99% | 2015.12.8 | 34일 |
| 2015.12.15 | 2016.2.3 | 50일 | -20.54% | 2016.4.26 | 133일 |
| 2016.6.16 | 2016.8.2 | 47일 | -32.55% | 2016.12.2 | 169일 |
| 2017.1.4 | 2017.1.11 | 7일 | -30.82% | 2017.2.23 | 50일 |
| 2017.3.3 | 2017.3.24 | 21일 | -26.77% | 2017.4.25 | 53일 |
| 2017.6.11 | 2017.7.16 | 35일 | -35.63% | 2017.8.7 | 57일 |
| 2017.9.1 | 2017.9.14 | 13일 | -34.11% | 2017.10.11 | 40일 |
| 2017.11.8 | 2017.11.12 | 4일 | -21.04% | 2017.11.18 | 10일 |
| 평균 | | 23일 | | | 68일 |

2015~2017년 상승장에서는 비트코인이 며칠~몇 주 이내로 30~35% 하락한 적이 여러 번 있었다. 이렇게 한 번 하락하고 다시 본전을 만회하는 데는 평균 두 달 정도 걸렸으며, 2016년에는 반감기 해인데도 반년 정도 걸린 사례도 있다. 이 당시 비트코인의 변동성이 지금의 1.3배 정도였다는 것도 유념하자!

**■ 3차 반감기 전후 상승장 중 조정장(2020.8~2021.4)**

| 하락 시작 | 하락 멈춤 | 기간 | 하락 폭 | 본전 만회 | 본전 만회 소요 기간 |
|---|---|---|---|---|---|
| 2020.8.17 | 2020.9.8 | 22일 | -17.66% | 2020.10.20 | 64일 |
| 2021.1.8 | 2021.1.23 | 15일 | -20.99% | 2021.2.8 | 31일 |
| 2021.2.21 | 2021.2.28 | 7일 | -21.24% | 2021.4.13 | 51일 |
| 평균 | | 15일 | | | 49일 |

코로나 사태가 발발한 이후 시작된 3차 반감기 후 강세장에서도 비트코인이 1~3주 만에 급락한 사례가 세 번 있었다. 이때 약 20% 손실이 발생했고, 본전 만회까지는 보통 1~2개월이 걸렸다.

**■ 4차 반감기 전후 상승장 중 조정장(2023.2~현재)**

| 하락 시작 | 하락 멈춤 | 기간 | 하락 폭 | 본전 만회 | 본전 만회 소요 기간 |
|---|---|---|---|---|---|
| 2023.2.15 | 2023.3.10 | 23일 | -18.64% | 2023.3.16 | 29일 |
| 2023.4.14 | 2023.6.14 | 61일 | -17.60% | 2023.6.23 | 70일 |
| 2023.7.3 | 2023.9.11 | 70일 | -20.13% | 2023.10.23 | 112일 |
| 2024.1.8 | 2024.1.23 | 15일 | -15.36% | 2024.2.9 | 32일 |
| 평균 | | 42일 | | | 61일 |

2022년 말 시작된 이번 상승장에서도 조정장이 있었다. 이번에도 최대 20% 정도 손실이 발생했다. 이번 상승장에서는 하락 구간도 더 길었고(평균 42일) 본전 만회에 소요된 기간도 평소보다 더 오래 걸렸다(평균 석 달).

이 모든 것을 종합해 보면, 고점 대비 20~25% 정도의 하락은 상승장 내에 충분히 가능한 조정장으로 보고 버텨야 하지만, 2017년보다 변동성이 줄어들었기 때문에 35% 하락할 때까지 버틸 필요는 없어 보인다. 물론 알트코인은 이런 조정장에서 훨씬 더 많이 빠진다. 그러니 알트코인에 너무 큰 비중을 싣는 것은 금물이다.

속이 쓰리겠지만, 비트코인이 고점 대비 20~25% 하락하면 일단 비트코인, 이더리움, 알트코인 할 것 없이 다 팔고, 다음 시기에 다시 시장에 진입할 것을 추천한다.

**① 적극적 진입 방법: 비트코인 가격이 다시 120일 이동평균선 위로 올라왔을 때**

**② 소극적 진입 방법: 비트코인 가격이 다시 전고점에 도달했을 때**

고점 대비 25% 하락할 때까지 버티다가 더 떨어졌을 때 매도했다면, 다음과 같은 추가 하락의 참사를 피할 수 있었다. 비트코인이 25% 이상 하락하면 더 이상 조정장이 아니라 대세하락장으로 봐야 할 가능성이 높다!

■ 고점 대비 25% 하락 시(2017~2018년에는 35%) 시 피해 갈 수 있었던 대참사

| 하락 시작 | 손절일 | 손절 폭 | 추가<br>하락 폭 | 저점 | 본전 만회 | 본전 만회<br>소요 기간 |
|---|---|---|---|---|---|---|
| 2017.12.12 | 2017.12.30 | −35.00% | −73.10% | 2019.2.7 | 2020.12.1 | 1,085일 |
| 2019.6.26 | 2019.7.16 | −27.00% | −47.80% | 2020.3.12 | 2020.10.22 | 484일 |
| 2021.4.13 | 2021.5.15 | −26.40% | −36.30% | 2021.7.20 | 2021.11.10 | 98일 |
| 2021.11.8 | 2021.12.3 | −27.10% | −68.00% | 2022.11.21 | | 못 했음 |
| 평균 | | | −56.30% | | | |

　비트코인이 25%(2017~2018년에는 35%) 하락하면 상승장 내 조정장이 아니고 하락장이 왔다고 간주하는 것이 매우 현명했다. 그 정도 떨어진 후에도 추가로 60~70% 하락한 사례가 여러 번 있었기 때문이다.

BITCOIN

# 07

코인 in
자산배분 전략

# 자산 포트폴리오에서 코인의 포지셔닝

대표적인 장기투자 전략으로 '자산배분'이 있다. 자산배분은 가장 심플한 투자전략으로 주식, 채권, 실물자산 등에 자산을 배분해서 연 복리 7~9%, MDD 10~15%를 얻는 것을 목표로 한다. 유명한 전략으로는 주식, 채권, 금, 현금에 자산의 각 25%를 투자하는 '영구 포트폴리오'가 있으며, 세계 최대 헤지펀드 중 하나인 브리지워터의 레이 달리오Ray Dalio가 개발한 '올웨더' 전략도 있다. 이번 장에서는 코인을 자산배분에 포함하는 것이 효용이 있는지에 관해 분석해 보자.

자산배분의 3대 핵심은 다음과 같다.

① 장기적으로 우상향하는 자산에 투자한다.
② 다른 자산군과 상관성이 낮다.
③ 변동성이 큰 자산의 비중은 크게, 변동성이 낮은 자산의 비중은 작게 잡는다.

코인과 연관지어 지금부터 하나씩 구체적으로 살펴보자.

## 1. 비트코인 등 암호화폐는 장기적으로 우상향하는 자산인가?

첫 번째 핵심은 누구나 수긍할 것이다. 장기적으로 상승하는 자산에 투자해야지 장기적으로 하락하는 자산에 투자하면 안 되는 건 당연하다. 일단 5장에서 설명한 인플레이션 코인들에 대해서는 고민할 가치가 없다. 이 코인들은 절대 장기적으로 상승하지 못한다. 그렇다면 비트코인 같은 디플레이션 코인이 장기적으로 우상향할 수 있는지 고민해 봐야 한다.

지금까지 장기투자 전략 중 반감기 전 매수해서 반감기 12~18개월 후에 파는 전략을 알아봤다. 이 전략을 보고 "굳이 마켓타이밍을 맞춰야 되나? 비트코인은 제2의 달러 또는 디지털 금이 될 테니, MDD는 무시하고 그냥 진득하게 보유하면 부자가 될 수 있어!"라고 반박하는 사람도 있을 것이다.

나는 6년 전 펴낸 저서 《가상화폐 투자 마법공식》에서 비트코인 등 암호화폐가 우상향 자산인지에 관해 다룬 적이 있다. 주식, 채권, 부동산은 배당, 이자, 임대 수익 등 현금흐름이 생겨 이를 통해 재투자가 가능해서 장기간에 걸쳐 우상향 추세를 기대할 수 있는데, 암호화폐에 대해서는 다음과 같이 이야기했다.

- 매월 듣도 보도 못한 코인이 계속 생기고 그중 어떤 코인이 비트코인, 이더리움을 제칠 수도 있다. 하지만 그렇지 않을 수도 있다.
- 비트코인 등 암호화폐가 '디지털 금'이 될 수도 있고, 그렇지 않을 수도 있다.
- 암호화폐에는 현금흐름이 전혀 없다.
- 따라서 지금까지는 비트코인을 매수해서 계속 보유하는 전략의 수익률이 매우 좋았으나, 미래에도 비트코인이 계속 우상향할 거라는 경제적인 근거가 없으므로 특정한 기준을 정한 뒤 그에 따라 '치고 빠지는' 트레이딩 전략을 구사해야 한다.

6년 후인 지금 다시 돌이켜보면, 비트코인 가격은 당시 약 9,000달러였는데 2024년 3월 현재 67,000달러까지 올랐다. 내 생각은 6년 전 대비 변했을까?

나는 6년 전에는 비트코인의 효용에 대해 회의적이었으나 이제는 부유층의 비트코인 수요가 지속적으로 증가할 것으로 본다. 나도 큰 부자는 아니지만 어느 정도 여유로울 만큼 재산이 생기니까 자연스럽게 "대한민국에서 현재와 같은 정치/경제 체제가 유지되면 수십 년, 수백 년 동안 돈 걱정 없이 살 수 있다. 하지만 만약 큰 변화가 와서 대한민국에서의 삶이 어려워질 경우 어떻게 해야 내 자산의 일부라도 보존하면서 해외로 도피할 수 있지?"라는 생각이 들었다. 그리고 내가 아는 부자들 대부분이 비슷한 고민을 하고 있었다.

대한민국뿐만 아니라 전 세계 부자들, 특히 정부를 통해 순식간에 모든 것을 잃을 수 있는 중국 부자들이 아마 비슷한 생각을 할 가능성이 크다.

레이 달리오는 《변화하는 세계질서》에서 평화의 시대가 오래 지속되면 거의 필연적으로 전쟁, 혁명, 경제 위기, 공산화, 자연재해 등이 겹치는 지정학적, 경제적 불안이 고조되는 혼란의 시대가 뒤따르는데 요즘 미국이 주도하던 평화로운 시대가 슬슬 끝나가는 조짐이 여러 군데에서 보인다고 했다. 어떤가, 왠지 더 불안해지지 않는가?

자기가 사는 나라에 갑자기 전쟁, 혁명, 재난 등이 닥치면 부자들은 안락할 삶을 지속하기 위해 자산을 안전한 해외로 신속하게 이전하고 싶어 할 것이다. 그런데 정부가 금융자산과 통화자산의 해외 이전을 막을 경우 자산을 옮길 방법은 비트코인 등 암호화폐를 사용하는 방법밖에 없다. 따라서 부자들의 자산 보존 및 리스크 헤징을 위한 비트코인의 수요는 지속적으로 증가할 것으로 전망되며, 나는 2024년 비트코인이 우상향하는 자산일 가능성이 80% 이상이라고 본다.

다만, 다시 한번 강조하는데 인플레이션 코인은 '우상향 자산'이 아니다.

## 2. 다른 자산군과 상관성이 낮은가?

암호화폐가 장기적으로 우상향하는 자산인지 잘 모르겠다는 말에 "암호화폐의 본질에 대해서 아무것도 모르는 무식한 놈! 코인의 미래를 믿지 않는 자가 어떻게 감히 코인 관련 책을 쓴다는 말인가? 21세기는 코인의 시대가 될 거라는 사실은 명백한 진리인데 그걸 모르는 어리석은 자! 저놈을 끌어내서 목을 쳐라! 그리고 저자의 구족을 멸하라!"라며 화를 내는 독자들도 많을 것이다.

인정한다. 나는 코인의 본질이나 미래에 대해 잘 모르고 관심도 없으며, 블록체인 기술이 무엇인지, 그게 어디에 쓰이는지도 잘 모른다. 다만, 나는 코인도 인간이 거래하는 자산 중 하나이고, 내가 아는 몇 가지 퀀트 전략들이 코인 투자에 잘 통해서 나에게 돈 벌 기회를 준다는 것은 안다. 나는 코인을 돈 벌 수단으로만 보는 사람이다. 코인의 본질에 대해 알고 싶다면 오태민 작가의 《더 그레이트 비트코인》을 참고하자. 국내에서는 비트코인의 펀더멘털을 가장 잘 설명한 책이다.

앞에서 "나는 비트코인 등 암호화폐가 장기적으로 우상향하는 자산인지 잘 모르겠다"라고 말했는데, 여기서 '모른다'는 것은 암호화폐가 장기적으로 우상향하는 자산일 가능성도 있다는 뜻이다. 일단 팩트만 보면 비트코인은 2008년에 처음 탄생한 후 변동성은 매우 컸어도 계속 우상향했다. 역사가 겨우 15년밖에 안 되었지만 그 기간에 계속 우상향했다는 것은 시사하는 바가 분명히 있다.

**그냥 비트코인 등 디플레이션 암호화폐가 우상향하는 자산이라고 가정해 보자**(아마 이 책을 산 투자자들은 대부분 그렇게 믿을 것이다). 이 경우 일단 코인은 자산배분에 포함될 자격(?)을 갖게 된다.

그렇다면 코인은 자산배분에 얼마나 효과적일까? 이를 알기 위해서는 코인과 다른 자산군의 상관성을 계산해야 한다. 자산배분의 목적은 최대한 상관성이 낮은 자산군에 자산을 분산함으로써 A 자산군의 수익률이 저조해도 B, C 자산군이 그 손실을 메우거나 최소한 같이 하락하는 것을 막아, 전체 포트폴리오의 손실을 감당할 수 있는 선으로 유지하는 것이다.

비트코인과 주요 자산군의 상관성을 분석해 보자.

■ **비트코인과 주요 자산군의 상관성**

| 연도 | 미국주식 (SPY) | 나스닥 (QQQ) | 개도국주식 (EEM) | 한국주식 (KOSPI) | 미국장기채 (TLT) | 미국단기채 (SHY) | 금 (GLD) | 원자재 (PDBC) |
|---|---|---|---|---|---|---|---|---|
| 2012~23년 | 0.21 | 0.19 | 0.08 | 0.12 | (0.01) | 0.06 | (0.05) | 0.07 |
| 2012~14년 | 0.23 | 0.20 | 0.04 | 0.11 | (0.12) | 0.20 | (0.11) | 0.09 |
| 2015~16년 | 0.42 | 0.33 | 0.11 | 0.04 | (0.26) | (0.36) | (0.20) | 0.26 |
| 2017~18년 | 0.19 | 0.19 | 0.13 | 0.16 | 0.14 | (0.27) | 0.16 | 0.27 |
| 2019~20년 | 0.34 | 0.26 | 0.28 | 0.36 | 0.01 | (0.05) | 0.30 | 0.23 |

| 2021~22년 | 0.49 | 0.47 | 0.01 | 0.23 | (0.00) | 0.11 | (0.20) | 0.20 |
| --- | --- | --- | --- | --- | --- | --- | --- | --- |
| 2023년 | 0.36 | 0.37 | 0.50 | 0.18 | 0.46 | 0.52 | 0.71 | 0.18 |

\* 빨간색은 마이너스를 뜻함.

　자산배분 차원에서 볼 때 상관성이 1에 가까워질수록 바람직하고, -1이 가장 바람직하다. 그런데 현실 세계에서 상관성이 -1, 즉 완전히 반대로 수익이 나는 자산군은 존재하지 않는다(주가지수의 인버스 ETF가 있긴 한데, 이 자산은 장기적으로 우상향하는 자산이 아니라서 자산배분 포트폴리오에 포함하기 어렵다).

■ 투자 상관성을 나타내는 '투자의 성배'

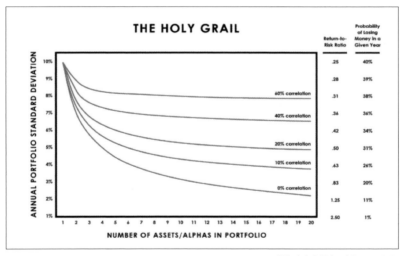

출처: 레이 달리오(2017), 『PRINCIPLES』.

　레이 달리오는《변화하는 세계 질서》의 저자이기도 하지만, 어떤 경제환경에서도 수익을 내는 것이 목표인 올웨더 포트폴리오의 창시자다. 그는 위와 같은 그래프를 만들고 '투자의 성배'라고 칭했는데, 이를 통해 상관성이 0인 자산군을 여러 개 모으면 리스크를 계속 줄일 수 있다는 것을 알 수 있다.

1개 자산의 변동성(리스크라고 봐도 무난하다)이 10%일 때, 상관성이 0인 자산 5개에 분산 투자하면 변동성이 4%로 떨어져서 리스크가 60% 감소하고, 상관성이 0인 자산 20개에 투자하면 변동성이 2%로 떨어져서 리스크가 80% 감소한다. 아주 심플하게 말해서 포트폴리오의 MDD를 60~80% 정도 줄일 수 있다.

옆 페이지의 상관성 표를 보면 비트코인과 주요 자산군의 상관성은 2018년까지 높지 않은 수준이었으나, 2019년부터 미국 S&P500, 나스닥 지수와의 상관성이 높아지는 것을 알 수 있다. 그동안 비트코인은 다른 자산군과 비교적 낮은 상관성을 유지했는데, 2023년 다른 자산군과의 상관성이 눈에 띄게 높아졌다. 이것이 일시적인 현상인지, 비트코인이 제도권에 편입되는 경향을 보이며 상관성이 크게 높아지는 것인지는 좀 더 지켜봐야 할 것이다.

그렇다고 해도 최근 10여 년간의 데이터를 보면 비트코인은 주식, 채권, 금, 원자재 등 주요 자산군과 상관성이 낮은 편이라 자산배분 차원에서 포함할 수 있는 자산군으로 보인다.

(다시 한번 강조한다. 이 모든 내용은 비트코인이 장기적으로 우상향한다는 가정하에서만 유효하다!)

### 3. 비트코인의 변동성은 어느 정도일까?

자산배분을 할 때 비트코인의 비중을 어느 정도로 잡아야 할까? 자산배분의 세 번째 핵심은 변동성이 낮은 자산의 비중은 크게, 변동성이 높은 자산의 비중은 작게 잡는 것이다.

왜 그럴까? 만약 당신에게 10억 원의 현금자산이 있는데 투자할 수 있는 자산이 서울 아파트, 비트코인 두 가지밖에 없다고 가정해 보자. 무조건 이 두 자산에 10억 원을 넣어야 하고, 선택할 수 있는 것은 각 자산의 비중밖에 없다고 치자. 이때 "두 자산에 골고루 자산배분을 하기 위해 각각 5억 원씩 투자하자"라고 하는 사람은 별로 없을 것이다.

대부분이 부동산에 8억 원, 비트코인에 2억 원, 또는 부동산 9억 원, 비트코인 1억 원을 선택할 것 같은데(사실 부동산에 10억 원, 비트코인에 0원을 선택하는 사람이 제일 많을 것 같다), 그 이유는 비트코인의 변동성이 너무 높아서 몇 개월 만에 70~90% 떨어질 수 있다는 것을 알기 때문이다. 비트코인에 비하면 서울 아파트는 변동성이 낮아서 그럴 가능성이 거의 없지 않은가?

이렇게 투자자들은 변동성이 낮은 자산의 비중을 크게, 변동성이 높은 자산의 비중을 작게 들고 가야 한다는 사실을 본능적으로 안다. 그리고 아무리 비트코인을 좋게 봐서 미래 화폐 + 금이 될 거라고 굳게 믿는 종교적인 비트코인 맥시멀리스트들도 비트코인이 일시적이나마 80% 이상 하락하고, 알트코인은 그 이상 하락할 수도 있다는 것은 부정하지 못할 것이다. 대부분의 투자자는 이런 MDD를 버틸 수 없다. 그래서 자산배분 내에서 비트코인 비중이 너무 크면 안 된다.

| 연도 | 비트코인 | 미국 주식 (SPY) | 나스닥 (QQQ) | 개도국 주식 (EEM) | 한국 주식 (KOSPI) | 미국 장기채 (TLT) | 미국 단기채 (SHY) | 금 (GLD) | 원자재 (PDBC) |
|---|---|---|---|---|---|---|---|---|---|
| 2012~23년 | 47.5% | 4.2% | 5.1% | 4.9% | 4.4% | 3.7% | 0.4% | 4.3% | 5.0% |
| 2012~14년 | 88.8% | 2.7% | 3.3% | 4.3% | 2.9% | 3.2% | 0.1% | 4.6% | 4.2% |
| 2015~16년 | 16.5% | 3.5% | 4.5% | 5.0% | 2.3% | 4.1% | 0.3% | 5.2% | 5.3% |
| 2017~18년 | 28.8% | 3.4% | 4.2% | 4.3% | 4.1% | 2.3% | 0.2% | 2.6% | 3.5% |
| 2019~20년 | 21.9% | 5.8% | 6.1% | 6.0% | 6.3% | 4.1% | 0.4% | 4.2% | 6.2% |
| 2021~22년 | 20.3% | 5.5% | 6.6% | 4.9% | 5.8% | 4.2% | 0.5% | 4.0% | 5.3% |
| 2023년 | 15.2% | 4.2% | 5.4% | 5.5% | 5.2% | 6.2% | 0.7% | 4.4% | 4.2% |

위 표에서 보듯, 비트코인의 변동성은 초창기인 2012~2014년에는 매우 높았으나 그 후 점진적으로 줄어들고 있다. 그럼에도 2019~2023년 구간의 변동성이 주식의 3~4배 수준임을 알 수 있다.

그렇다면 비트코인 비중을 주식 비중의 1/3~1/4 정도로 설계하는 것이 적합할 것이다. 예를 들면 나는 '한국형 올웨더'라는 포트폴리오를 선호하는데 이 포트폴리오의 비중은 다음 표와 같다(이 포트폴리오의 자세한 내용은《퀀트투자 무작정 따라하기》와《평생 저축밖에 몰랐던 66세 임 여사, 주식으로 돈 벌다》를 참고하기 바란다).

■ 한국형 올웨더

| 자산군 | 비중 |
|---|---|
| 한국 주식 | 17.5% |
| 미국 주식 | 17.5% |
| 한국 채권 | 25% |

| 미국 채권 | 25% |
|---|---|
| 금 | 15% |

　여기에서 다음 표와 같이 포트폴리오를 조정할 수 있을 것이다. 주식 비중이 총 35%니까 그 1/4 정도인 9%를 비트코인 비중으로 잡으면 어떨까?

■ 한국형 올웨더(비트코인 비중 9%)

| 자산군 | 비중 |
|---|---|
| 한국 주식 | 15.5% |
| 미국 주식 | 15.5% |
| 한국 채권 | 23% |
| 미국 채권 | 23% |
| 금 | 14% |
| 비트코인 | 9% |

　9%도 너무 많다고 생각한다면 5%도 나쁘지 않다. 나도 개인적으로 자산의 5~10% 이상을 비트코인에 투자한다는 사람이 있으면 말리고 싶다.

■ 한국형 올웨더(비트코인 비중 5%)

| 자산군 | 비중 |
|---|---|
| 한국 주식 | 16.5% |
| 미국 주식 | 16.5% |
| 한국 채권 | 24% |

| 미국 채권 | 24% |
|---|---|
| 금 | 14% |
| 비트코인 | 5% |

그렇다면 비트코인과 비교할 때 이더리움의 변동성은 어느 정도일까?

■ 비트코인, 이더리움의 변동성 분석

| 연도 | 비트코인 | 이더리움 | 이더리움/비트코인 |
|---|---|---|---|
| 2017~2018년 | 28.8% | 64.8% | 225% |
| 2019~2020년 | 21.9% | 28.7% | 131% |
| 2021~2022년 | 20.3% | 30.3% | 149% |
| 2023년 | 15.2% | 11.3% | 74% |

이더리움의 변동성이 비트코인의 변동성보다 더 크다(2023년만 예외). 최근 5년 동안에는 이더리움의 변동성이 비트코인의 1.3배 정도였으므로, 이더리움까지 자산배분에 포함한다면 암호화폐 전체 비중의 55~60%를 비트코인에, 40~45%를 이더리움에 투자하는 것이 적합할 것으로 보인다.

암호화폐 투자 비중을 전 자산의 5%로 가정하면 다음 표와 같은 자산배분이 탄생한다.

■ 한국형 올웨더(암호화폐 비중 5%)

| 자산군 | 비중 |
|---|---|
| 한국 주식 | 16.5% |
| 미국 주식 | 16.5% |
| 한국 채권 | 24% |
| 미국 채권 | 24% |
| 금 | 14% |
| 비트코인 | 3% |
| 이더리움 | 2% |

Part 2에서 반감기를 이용한 중장기 전략을 설명했으니, 이번에는 독자들이 충분히 실행할 수 있는 단기 전략을 소개한다. 투자에 관심도 없고 시간도 없는 투자자에게는 장기 전략을 추천한다. 하지만 이 책을 살 정도로 열정적인 투자자라면 아마도 주기적으로 거래하지 않으면 인생이 지루하고 세상에 낙이 없을 것이다. 이런 투자자에게는 단기 전략을 권한다. 단기 전략은 자주 거래해야 해서 번거롭지만(물론 그걸 재미로 느끼는 사람들도 있다), 기대 수익이 장기 전략보다 높은 것도 사실이다. 자, 지금부터 짧은 기간에 승부를 내는 단기 전략에 관해 알아보자!

# PART

---

# 3

# 짧게 승부 보는
# 단기 전략

# 08

상승장에만
투자하라

# 하락장에선 뭘 해도 안된다

투자의 큰 비밀을 한 가지 알려주겠다. 사실 비밀은 아니다. 나 말고도 투자를 잘하는 사람이라면 거의 다 강조하는 내용이니까. 그 내용은 바로 "**상승장에만 투자하라!**"라는 것이다.

코인에 투자해서 돈을 버는 것은 내가 우량한 코인을 고른 덕택에 버는 것이 아니다. 시장이 올랐기 때문에 버는 것이다. 상승장이 오면 뭘 사도 거의 다 오른다. 길거리 술주정뱅이가 추천한 코인도, 그야말로 어중이떠중이가, 아니 옆집 강아지가 추천한 코인도 거의 다 오른다.

반대로 하락장에서는 뭘 해도 잘 안된다. 심지어 주식의 신으로 불리는 워런 버핏 같은 사람도 2008년 금융위기, 2020년 코로나 장에서는 돈을 잃는다. 그러니 그보다 투자를 한참 못하는 여러분은 더 말할 것도 없다.

명심하라. 정말 중요하니까 다시 한번 강조한다. **하락장에서 투자하면 뭘 해도 안된다.** 설사 코인의 미래를 정말 굳게 믿는다고 할지라도 굳이 80~90% 손실을 보는 하락장에서도 코인에 투자하고 존버할 이유는 전혀 없다. 이럴 때는 잠깐 현금으로 보유하다가 다시 상승장이 왔을 때 코인에 투자하면 된다(나는 주식이 우상향하는 미래를 굳게 믿는 사람이지만 상승장, 하락장을 구분하지 않고 자산의 100%를 주식에 투자하는 미친 짓은 하지 않는다).

핵심은 지금이 상승장인지, 하락장인지 구분하는 능력이다. 그런데 이걸 구분하는 것은 별로 어렵지 않다. 절대적 기준은 존재하지 않으나, 투자자가 기준을 하나 정하고 가격이 그 기준 이상이면 상승장, 이하면 하락장으로 정의하면 된다. 이 기준으로 상승장에만 투자하고 하락장에는 모든 것을 팔고 투자를 중단한다.

## 이동평균선의 마법

Part 2에서 배운 시간 개념을 기준으로 삼을 수도 있다. 예를 들면 반감기 12~18개월 전부터 반감기 후 12~18개월 동안에만 투자하고, 나머지 구간에는 코인을 거들떠보지도 않는다.

또 다른 방법으로는 이동평균선을 활용하는 방법이 있다. 코인 가격이 이동평균선보다 높으면 상승장으로 보고 투자하고, 코인 가격이 이동평균선보다 낮으면 하락장으로 판단해 투자를 중단하고 현금으로 보유한다.

■ 비트코인 5일 이동평균 가격 계산법

| 날짜 | 가격(달러) |
|---|---|
| 2023.7.14 | 30,329.63 |
| 2023.7.15 | 30,298.63 |
| 2023.7.16 | 30,248.17 |
| 2023.7.17 | 30,147.6 |
| 2023.7.18 | 29,863.32 |
| 2023.7.19 | 29,861.25 |
| 7.18일 기준 5일 이동평균 | 30,177.47 |
| 7.19일 기준 5일 이동평균 | 30,083.79 |

이동평균 가격 계산법은 매우 간단하다. 7월 18일 기준으로는 7월 14일부터 5일간 가격의 평균을 내면 된다. 이동평균 가격은 30,177.47 달러인데 7.18일 가격은 29,863.32달러니까 이동평균선보다 낮다. 따라서 하락장으로 간주한다.

7월 19일 기준으로는 7월 14일 가격을 버리고 7월 15일부터 5일간 가격의 평균으로 이동평균 가격을 계산한다. 이동평균 가격은 30,083.79달러로 조금 더 낮아진 것을 알 수 있다. 이날 가격은 29,861.25달러로 이동평균선보다 낮다. 따라서 하락장이 지속되는 것으로 본다.

나는 《가상화폐 투자 마법공식》에서 가격이 5일 이동평균선보다 높을 때(상승장)만 투자했을 때와 가격이 5일 이동평균선보다 낮을 때(하락장)만 투자했을 때 어떤 결과를 얻었는지 공개했다. 그 결과는 아래와 같다.

■ 5일 이동평균선 기준 – 비트코인 '상승장' 수익률(2013.10~2018.3)　　　(단위: %)

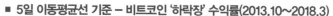

■ 5일 이동평균선 기준 – 비트코인 '하락장' 수익률(2013.10~2018.3)    (단위: %)

2013년 10월 말부터 2018년 3월 말까지 비트코인은 211달러에서 약 32배 상승했다. 이 중에서 가격이 5일 이동평균선보다 높은 상승장에만 투자한 경우 54배 정도 벌었다. 반면에 이 중에서 가격이 5일 이동평균선보다 낮은 하락장에만 투자한 경우 40%의 손실이 발생했다! 1억 원으로 투자를 시작했다면 54억 원 vs. 6,000만 원이니 정말 엄청난 차이다.

아마도 2018년 3월 후부터는 어떻게 되었는지 궁금할 것이다. 참고로 내가 《가상화폐 투자 마법공식》을 쓸 때 활용한 백테스트 데이터가 2013년 11월~2018년 3월 데이터였다. 이것을 기반으로 하여 2018년 3월을 기준으로 각 전략들의 성과를 알아보자(앞에서 내가 매우 훌륭하다고 공개한 전략들이 실제로는 어땠는지 궁금하지 않은가?).

■ 5일 이동평균선 기준 – 비트코인 '상승장' 수익률(2018.3~2023.12)　　(단위: %)

■ 5일 이동평균선 기준 – 비트코인 '하락장' 수익률(2018.3~2023.12)　　(단위: %)

2018년 3월 말부터 2023년 12월까지 비트코인은 약 5.2배 상승했다. 상승장에만 투자한 경우 2021년 상승장에서 잘 벌다가 그 후에는 손실이 발생했지만, 그래도 원금이 약 4.6배 늘어났다. 하락장, 즉 비트코인 가격이 이동평균선보다 낮을 때만 투자한 경우에도 2018~2023년에 돈을 벌 수 있었다. 그러나 총수익은 겨우 32% 증가에 불과해, 비트코인의 5.2배 상승보다 훨씬 적었다.

5일 이동평균선 말고 다른 이동평균선으로 상승장과 하락장을 구분하면 어떤 결과가 나올까? 5일 이동평균선과 동일하게 2013년 11월~2018년 3월과 2018년 3월~2023년 12월의 데이터로 나눠서 살펴보자.

■ 비트코인 '상승장' 수익률(2013.11~2018.3)

| 상승장 · 하락장 기준 이동평균선 | 총수익률(%) | 순위 |
|---|---|---|
| 3일 | 2,680 | 8 |
| 5일 | 5,286 | 4 |
| 10일 | 7,937 | 1 |
| 20일 | 3,103 | 6 |
| 60일 | 3,635 | 5 |
| 120일 | 6,425 | 3 |
| 150일 | 6,490 | 2 |
| 200일 | 3,060 | 7 |

■ 비트코인 '하락장' 수익률(2013.11~2018.3)

| 상승장 · 하락장 기준 이동평균선 | 총수익률(%) | 순위 |
|---|---|---|
| 3일 | -79 | 7 |

| 상승장 · 하락장<br>기준 이동평균선 | 총수익률(%) | 순위 |
|---|---|---|
| 5일 | −41 | 4 |
| 10일 | −88 | 8 |
| 20일 | −40 | 3 |
| 60일 | −45 | 5 |
| 120일 | −64 | 6 |
| 150일 | −24 | 2 |
| 200일 | 69 | 1 |

■ 비트코인 '상승장' 수익률(2018.3~2023.12)

| 상승장 · 하락장<br>기준 이동평균선 | 총수익률(%) | 순위 |
|---|---|---|
| 3일 | 379 | 6 |
| 5일 | 358 | 7 |
| 10일 | 357 | 8 |
| 20일 | 820 | 4 |
| 60일 | 1,493 | 2 |
| 120일 | 2,104 | 1 |
| 150일 | 1,319 | 3 |
| 200일 | 585 | 5 |

■ 비트코인 '하락장' 수익률(2018.3~2023.12)

| 상승장 · 하락장<br>기준 이동평균선 | 총수익률(%) | 순위 |
|---|---|---|
| 3일 | 27 | 3 |
| 5일 | 32 | 2 |
| 10일 | 33 | 1 |
| 20일 | −36 | 5 |

| 60일 | −62 | 7 |
| --- | --- | --- |
| 120일 | −72 | 8 |
| 150일 | −57 | 6 |
| 200일 | −11 | 4 |

이 데이터에서 다음과 같이 매우 흥미로운 점을 발견할 수 있다.

① **5일 이동평균선으로 상승장을 구분하는 방법의 경우 2013~2018년 구간에서는 수익률이 제법 괜찮았지만, 2018~2023년 구간에서는 수익률이 가장 낮은 편에 속했다. 그리고 하락장치고는 2018~2023년 구간에서 5일 이동평균선 기준으로 측정한 수익률이 가장 좋은 편에 속했다**

상승장의 '가장 안 좋은' 수익률이 하락장의 '가장 좋은' 수익률을 완전히 압도했다! 따라서 상승장, 즉 가격이 이동평균선 위일 때만 투자하는 것은 매우 훌륭한 방법이다.

② **특정 이동평균선만 사용해서 투자하면 위험하다. 2013~2018년 상승장 구간에서는 10일, 150일, 120일 이동평균선을 기준으로 투자하는 방법의 수익률이 가장 높았다면, 2018~2023년 상승장 구간에서는 120일, 60일, 150일 이동평균선 기준으로 투자하는 방법의 수익률이 가장 높았고 3, 5, 10일 이동평균선 기준으로 투자하는 방법의 수익률은 상대적으로 낮았다.**

여러 개의 이동평균선을 동시에 참고하면서 투자하는 방법을 곧 설명할 것이다.

이번에는 120일 이동평균선을 기준으로 상승장과 하락장을 구분해서 투자했다면 2013~2018년, 2018~2023년에 어떤 결과가 있었을지 한번 음미해 보자.

■ **120일 이동평균선 기준 – 비트코인 '상승장' 수익률(2013.10~2018.3)**   (단위: %)

5일 이동평균선을 사용하면 가격이 위아래로 움직이는 경우가 많아서 거래가 잦은데, 120일 이동평균을 사용하면 큰 하락장이 올 경우 거래를 거의 하지 않고 현금으로 보유하게 된다. 따라서 120일 이동평균선 기준으로 투자했다면 2013~2015년 하락장은 상당 부분 피하고, 2015~2017년 대세 상승장은 상당 부분 누릴 수 있었다.

■ 120일 이동평균선 기준 − '하락장' 수익률(2013.10~2018.3)　(단위: %)

　반대로 투자한 경우에는 결과가 매우 비극적이었다. 2013~2015년 하락장에서는 계속 얻어맞고, 2015~2017년에는 가격이 120일 이동평균선 위에서 계속 움직였음에도 어마어마한 상승장을 거의 누리지 못했기 때문이다.

■ 120일 이동평균선 기준 – '상승장' 수익률(2018.4~2023.12)　　(단위: %)

2018년 3월~2023년 12월에 비트코인 가격이 120일 이동평균선 위일 때만 투자하고 나머지 구간은 쉬어 갔다면 2018~2019년, 2021~2022년 하락장 중 상당 부분을 피해 가면서 2020~2021년 상승장의 대부분을 누릴 수 있었다.

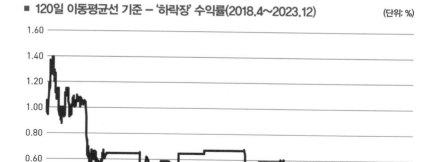

■ 120일 이동평균선 기준 – '하락장' 수익률(2018.4~2023.12)　　　　(단위: %)

이 기간에 반대로, 즉 가격이 이동평균선 아래일 때는 비트코인을 보유하고 그렇지 않을 때는 매도하는 전략을 사용한 결과는 매우 암울했다. 2018~2019년 하락장에서 손해는 손해대로 다 보고, 2020~2021년 상승장에는 참여하지 못했으며, 2022년 하락장에서는 또 고스란히 얻어맞았기 때문이다.

## 이동평균선은 여러 개를 쓰는 것이 좋다

자, 이제 왜 "상승장에만 투자하라"라고 했는지 이해했을 것이다.

## 평균 이동평균선 비율로 투자 비중 결정

앞에서 한 개의 이동평균선을 기준으로 상승장과 하락장을 파악하는 것은 별로 바람직하지 않다고 말했다. 매매 구간에 따라 최적의 이동평균선 구간이 변할 수밖에 없기 때문이다. 여기에서 나쁜 소식과 좋은 소식이 있다.

나쁜 소식은 미래의 최적 이동평균선 값이 무엇인지 우리가 절대 알수 없다는 것이며, 좋은 소식은 최적의 이동평균선 값을 몰라도 평균추세에 편승하는 방법이 있다는 것이다. '평균 이동평균선'을 사용하면 가능하다. 절대적으로 우월한 이동평균선이 없다는 가정하에 여러 이동평균선을 기준으로 분산 투자하는 방법인데, 구체적인 방법은 다음과 같다.

① 5일, 20일, 60일, 120일, 200일 이동평균선을 각각 구한다.

② 가격이 해당 이동평균선 위에 있으면 이동평균선당 0.2점, 아래에 있으면 0점을 부여한다.

③ 다섯 개 이동평균선의 점수를 더한 후 이 비율에 따라 투자 비중을 결정한다.

　(예: 0.6점의 경우 투자 비중은 60%)

《가상화폐 투자 마법공식》에서는 3, 5, 10, 20일 이동평균선을 사용했는데, 넷 다 단기 이동평균선이다. 여기에서는 단기 이동평균선인 5일, 20일, 중기 이동평균선인 60일, 장기 이동평균선인 120일, 200일이동평균선을 사용했다. 단기 이동평균선 네 개를 섞는 것보다는 단기,

중기, 장기 이동평균선을 골고루 섞는 전략이 논리적으로도 더 좋아 보이지 않는가?

평균 이동평균선 비율이 높다는 것은 여러 이동평균선 위에 있다는 것이고, 이는 곧 상승 추세가 강하다는 것을 의미한다. 추세가 강하면 투자 금액이 커지고, 추세가 약하면 투자 금액이 작아지거나 0이 된다. 이동평균선 하나에 의존할 경우 가격이 그보다 높으면 100%, 낮으면 0% 비중으로 투자하게 되지만, 여러 이동평균선을 사용하면 투자 비중이 20, 40, 60, 80, 100%로 다양해진다. 이렇게 투자하면 어떤 결과가 나올까?

■ 비트코인 '상승장' 수익률(2013.10~2018.3)

| 상승장 · 하락장<br>기준 이동평균선 | 총수익률(%) | 순위 |
|---|---|---|
| 3일 | 2,680 | 9 |
| 5일 | 5,286 | 5 |
| 10일 | 7,937 | 1 |
| 20일 | 3,103 | 7 |
| 60일 | 3,635 | 6 |
| 120일 | 6,425 | 4 |
| 150일 | 6,490 | 3 |
| 200일 | 3,060 | 8 |
| 5개 평균 | 7,576 | 2 |

■ 비트코인 5개 이동평균선 콤비네이션 수익률(2013.10~2018.3)　　(단위: %)

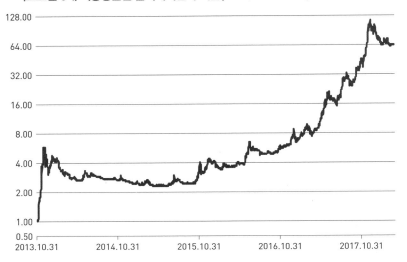

■ 비트코인 '상승장' 수익률(2018.4~2023.12)　　(단위: %)

| 상승장 · 하락장<br>기준 이동평균선 | 총수익률(%) | 순위 |
|---|---|---|
| 3일 | 379 | 7 |
| 5일 | 358 | 8 |
| 10일 | 357 | 9 |
| 20일 | 820 | 5 |
| 60일 | 1,493 | 2 |
| 120일 | 2,104 | 1 |
| 150일 | 1,319 | 3 |
| 200일 | 585 | 6 |
| **5개 평균** | **1,040** | **4** |

■ 비트코인 5개 이동평균선 콤비네이션 수익률(2018.4~2023.12)          (단위: %)

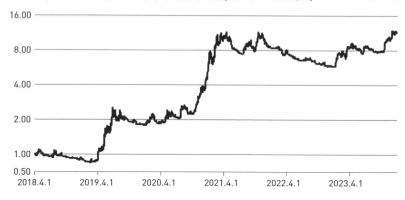

　　5개 이동평균선을 활용해 투자 비중을 결정하는 전략의 수익률은 각 구간의 1위 이동평균선(2013~2018년에는 10일 이동평균선, 2018~2023년에는 120일 이동평균선)보다는 낮았으나 대체로 양호하다는 것을 알 수 있다. 상승장과 하락장을 구분할 때 이동평균선 한 개에만 의지하지 말고 여러 개의 이동평균선을 같이 보자!

### 이더리움의 이동평균선 전략

　　참고로 이더리움의 경우 어떤 이동평균선 전략이 가장 잘 통했을까? 비트코인과 마찬가지로 2018년 3월 전후로 구분해 보았다.

■ 이더리움 상승장 수익률(2016.2~2018.3)

| 상승장 · 하락장<br>기준 이동평균선 | 총수익률(%) | 순위 |
| --- | --- | --- |
| 3일 | 4,428 | 9 |
| 5일 | 8,853 | 2 |

| 상승장·하락장<br>기준 이동평균선 | 총수익률(%) | 순위 |
|---|---|---|
| 10일 | 6,053 | 5 |
| 20일 | 9,553 | 1 |
| 60일 | 4,570 | 8 |
| 120일 | 5,244 | 7 |
| 150일 | 5,968 | 6 |
| 200일 | 7,263 | 4 |
| 5개 평균 | 8,186 | 3 |

2018년 3월 전에는 모든 이동평균선 전략이 잘 통했고, 그중에서도 특히 20일 이동평균선의 수익률이 가장 좋았다. 물론 이때는 이더리움의 초창기이자 암호화폐가 폭발적으로 성장하는 시기였으므로, 향후 이 정도 수익은 기대할 수 없을 것이다.

■ 이더리움 '상승장' 수익률(2018.3~2023.12)

| 상승장·하락장<br>기준 이동평균선 | 총수익률(%) | 순위 |
|---|---|---|
| 3일 | 252 | 8 |
| 5일 | 241 | 9 |
| 10일 | 778 | 5 |
| 20일 | 2,297 | 1 |
| 60일 | 670 | 6 |
| 120일 | 608 | 7 |
| 150일 | 916 | 4 |
| 200일 | 1,080 | 2 |
| 5개 평균 | 1,066 | 3 |

앞에서 말한 대로 2018~2023년 이더리움의 상승장 수익률은 2016~2018년보다 저조했다. 그래도 이더리움 가격이 이동평균선보다 높을 때만 투자했다면 꽤 괜찮은 수익을 낼 수 있었다.

2018년 이후에도 이더리움의 수익률은 20일 이동평균선을 기준으로 투자했을 때 가장 높았다. 하지만 그렇다고 해서 20일 이동평균선을 기준으로 하는 투자가 미래에도 가장 훌륭한 결과를 낼 거라는 보장이 없으므로, 5개(10일, 20일, 60일, 120일, 200일) 이동평균선을 다 보고 투자하는 것을 권한다.

## 추세와 정확히 반대로 가는 개미들은 가격이 떨어지는 코인에 열광한다

지금까지의 결론은 이렇다.

① **코인 가격이 이동평균선보다 높을 때 사면 돈을 많이 벌었다.**
② **코인 가격이 이동평균선보다 낮을 때 사면 수익이 신통치 않았다.**
　 – 코인 가격이 이동평균선보다 낮을 때는 투자를 중단하고 그냥 현금을 보유하는 것이 나았다.

그런데 여러분은 이렇게 투자하고 있는가? 대부분의 투자자가 이렇게 투자하지 않아서 망한다. 왜 망하는 길을 선택할까? 그 이유는 "싸게 사서 비싸게 팔아라"라고 배워 왔기 때문이다. 가격이 이동평균선보다 낮다는 것은 가격이 최근 평균 가격보다 하락했다는 뜻이므로 싸게 보인다. 그러면 개미들은 "오! 많이 떨어졌네. 사자!"라며 매수하고, 결국 더 떨어지는 코인을 보며 슬퍼하는 사례로 남는다.

도대체 뭐가 잘못된 것일까?

**① "싸게 사서 비싸게 팔아라"는 진리다.**

**② 하지만 "떨어지는 것을 사서 오를 때 팔아라"는 진리가 아니다.**

이 두 문장을 얼핏 보면 말장난 같지만, 사실 뜻은 하늘과 땅 차이다. 개미들은 1번과 2번을 혼동하기 때문에 혼란스러워하다가 결국 비참하게 돈을 잃는다. 이들은 '추세'라는 강력한 힘을 모르거나 간과하기에 이런 결과를 맞이한다. 모든 금융 자산뿐만 아니라 인간이 하는 모든 행위에는 '추세'라는 것이 존재한다. **코인에서 추세란 가격이 오르는 코인은 계속 오르고 내리는 코인은 계속 내리는 경향을 말한다.**

최근에 많이 올라서 가격이 이동평균선보다 높은 코인을 사면 싸게 산 것이다. 분명 최저점에 산 것은 아니지만 그래도 싸게 산 셈이다. 왜 그럴까? 중간중간 오르락내리락하긴 하겠지만 가격이 오르는 코인은 계속 오를 가능성이 크기 때문이다. 다시 말해 내일, 다음 주, 다음 달 코인의 가격이 '오늘'보다 높을 확률이 크기 때문에 결국 싸게 산 셈이 된다.

반대로 최근에 많이 하락해서 가격이 이동평균선보다 낮은 코인을 사면 비싸게 산 것이다. 오르는 코인과 마찬가지로 내리는 코인 또한 계속 내리기 때문이다. 내일, 다음 주, 다음 달 코인의 가격이 '오늘'보다 낮을 확률이 크기 때문에 결국 비싸게 산 셈이 된다.

이 이치를 이해하지 못하면 코인으로 절대 돈을 벌 수 없다.

 관련 영상

**1061. 이것만 알아도 상위 1% 투자자! (feat. 이동평균선)**
할 수 있다 알고 투자 · 조회수 6.7만회 · 5개월 전

안녕하세요, 알려님을~ 상위 1% 투자자들은 가격이 이동평균선보다 높을 때 투자합니다. 이동평균선은 과거 가격들의 평균, 가격의 후행 지표이며...

BITCOIN

# 09

---

## 리스크 관리

# MDD를 20% 이하로 낮추는 리스크 관리 전략

8장에서 '상승장에만 매수'라는 투자의 핵심이자 진리를 배웠다. 또한, 과거에 120일 이동평균선으로 상승장과 하락장을 구분해서 투자했다면 돈을 꽤 벌 수 있었다는 사실도 배웠다. 나는 이러한 것들이 2023년 이후에 바뀔 가능성은 거의 제로에 가깝다고 본다.

■ 120일 이동평균선 기준 – 비트코인 '상승장' 수익(2013.10~2018.3)　　　(단위: ?)

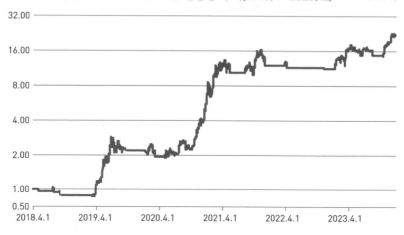

　"그럼 그냥 비트코인 가격이 120일 이동평균선 위일 때는 매수하고, 아니면 매도하면 되는 거 아닌가? 이 책을 더 읽을 필요가 있나?"라고 하는 독자가 있을지도 모르겠다. 내가 보기엔 책을 덮기에는 아직 좀 이르다. 그전에 먼저 생각해 볼 것을 '비트코인 120일 이동평균선'이라는 기준을 보통 사람이 버틸 수 있느냐는 것이다.

　"아니, 못 버틸 게 뭐가 있어? 그냥 매일 한 번씩 들여다보고 비트코인 가격이 120일 이동평균선 위면 매수하고 보유, 120일 이동평균선 아래면 매도하고 현금으로 보유하면 되는 거 아닌가?"

　이렇게 말하는 독자도 있을 것이다. 이 질문에 대한 내 대답은 "글쎄"다. 다음 차트를 보면 마음이 달라질 것이다.

■ 120일 이동평균선 전략의 하락 폭(2013.11~2018.3)

■ 120일 이동평균선 전략의 하락 폭(2018.4~2023.12)

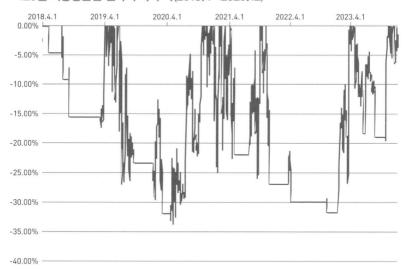

가격이 120일 이동평균선 위에 있을 때만 투자하는 전략은 장기적으로는 높은 수익을 냈지만, 단기적으로는 통하지 않은 구간도 꽤 많았다! 오르는 코인에 베팅하고 내리는 코인은 버리는 추세추종 전략은 장기적으로는 매우 훌륭했지만, 단기적으로는 가슴 아픈 구간을 자주 만들어냈다.

명심하라! 이 책에 나오는 전략을 포함해 모든 구간에 통하는 전략은 존재하지 않는다. 손실이 발생하는 구간은 중간중간 필연적으로 나온다.

2013년 말에 120일 이동평균선 전략은 큰 수익을 냈지만, 그 후 2014년에는 자산이 반토막이 났고 2014년에는 하락장이 내내 지속되면서 손실을 만회할 기회가 좀처럼 찾아오지 않았다. 2016년에야 비트코인 가격이 비로소 다시 최고점을 돌파했고, 2016~2017년에는 전반적으로 수익이 좋았으나 30% 이상 손해를 보는 구간도 중간중간 자주 나왔다.

2017년 하락장이 끝나고 이 전략을 쓴 경우에는 2018년 초 다시 한 번 자산이 반토막 났다. 2018년 후로는 그 정도로 큰 폭의 손실은 발생하지 않았으나 2018~2023년 구간에도 30% 이상 손실이 여러 번 발생했다.

대부분의 투자자가 이런 경우에 버틸 수 있을까? 전략이 안 먹히는 구간에서 30% 이상 손실을 보면서? 나는 이렇게 높은 손실률을 감수하면서 120일 이동평균선 전략을 유지할 수 있는 투자자는 별로 많지 않을 것이라고 확신한다.

위에서 이미 밝혔듯이, 나는 투자자별로 성향은 조금씩 달라도 포트폴리오의 MDD가 10~20%를 넘어가면 대부분의 투자자가 버티지 못한다고 생각한다. 그래서 120일 이동평균선 전략 전략은 일반 투자자가 실행하기 매우 어렵다.

이 전략은 깨질 때 너무 크게 깨진다. 그렇다면 MDD를 10~20% 수준으로 낮추기 위해 어떻게 리스크를 관리해야 할까?

## 코인 투자 비중 낮추기

반감기 전략에서도 언급했듯이, 자산의 5%만 코인에 투자한다. 그러면 120일 이동평균선 전략이 안 먹혀서 반토막이 나도 총 자산의 2.5%만 잃는 셈이다. 이것도 너무 많다고 생각하는 사람, 예를 들면 자산의 1% 이상은 절대 잃고 싶지 않은 사람은 자산의 2%만 투입하면 된다.

자산 규모와 상관없이 사람마다 '잃어도 감당할 수 있는 최대 금액'이 다르다. 만약 그 금액이 1,000만 원이고, 이 전략의 MDD가 60%라면 1,666만 원만 투자하면 된다. 이 경우 60%를 잃어도 손실은 1,000만 원으로 제한된다.

나는 초보자들에게 이 방법을 추천한다. 가장 심플하기 때문이다! 좀 더 과학적으로(?) 리스크를 관리하고, 매일매일 코인을 거래하고 싶은 투자자들에게는 다음의 방법을 추천한다. 참고로 나는 게을러서 이 방법을 쓰지 않는다. 하지만 세상에는 나와 다른 사람도 있으니까!

▶ 아래 내용은 꽤 어려우므로 초보자라면 그냥 건너뛰어도 무방하

다. 그러나 그럴 경우에는 여기서 배운 '코인 투자 비중 낮추기'를 꼭 유념하면서 투자하자! 나는 당신이 잃어도 잠잘 수 있는 금액만 잃기 바란다.

### 코인 + 현금 비중 조정으로 변동성과 MDD 조절

앞에서 다룬 코인 투자 비중 낮추기 전략에서는 투자 비중을 낮춰서 손실을 입을 수 있는 금액을 조정했다. 자산의 5%만 코인에 투자하면, 정말 최악의 경우 해당 코인이 이 세상에서 사라진다고 해도 5%만 잃는 셈이다.

그런데 좀 더 많은 금액을 투자하는 방법은 없을까? 자산의 20%, 50%, 100%를 투자하는 것은 물론 투자자의 마음이다. 그러나 큰 금액을 투자하면 하락도 크게 맞을 수밖에 없다는 리스크가 존재한다. 여기에도 묘수가 있다. 코인과 현금 비중을 조정해서 코인의 변동성을 조정하면 된다. 지금부터 그 방법을 구체적으로 알아보자.

## 비트코인의 변동성을 이용한 리스크 관리 전략

비트코인의 1일 변동성은 도대체 어느 정도일까? 하루 동안 기록한 고점과 저점을 비교하면, 비트코인이 하루 내에서 어느 정도 움직이는 자산인지 가늠해 볼 수 있다.

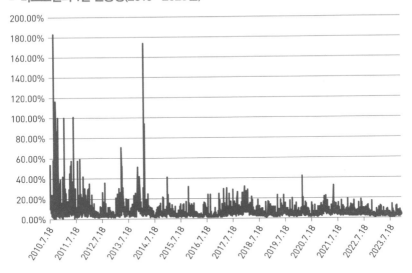

위 차트에서 알 수 있는 사실은 다음과 같다.

① 예전에는 요즘보다 변동성이 훨씬 높았다.

② 변동성이 줄어든 2020년 이후에도 1일 변동성이 20%에 근접하거나 초과하는 날이 종종 나왔다.

이 차트에서 1일 변동성 20%가 의미하는 것은 무엇일까? 만약 그날 운 나쁘게 고점에서 사서 저점에서 팔았다면 하루도 채 안 되는 시간에 20%를 잃을 수 있다는 것을 의미한다. 실제로 최근에도 비트코인 가격이 6시간 만에 69,000달러에서 59,000달러로 급락한 사례가 있었으며, 이 6시간 동안에 40~50% 또는 그 이상 하락한 알트코인도 수두룩했다! 3일 연속 이런 운 나쁜 날이 이어지면 내 코인 자산이 순식간에 반토막 날 수도 있다. 그리고 제아무리 고수라도 이런 날은 필연적으로 겪을 수밖에 없다. '풀 베팅'을 하지 말아야 하는 이유다.

이쯤에서 보통 사람들은 잘 모르지만, 투자를 많이 하는 사람들은 잘 아는 비밀을 하나 알려주겠다. 바로 "최근 변동성이 낮으면 당분간 변동성이 작은 날이 지속되고, 최근 변동성이 높으면 당분간 변동성이 높은 날이 지속된다"라는 것이다. 즉, 코인 가격이 한동안 잠잠하다가 갑자기 하루에 20~30% 움직일 가능성은 작고, 코인 가격이 최근 급격히 오르락내리락하면 당분간 그런 움직임이 지속된다고 봐도 무방하다. 말하자면 변동성도 단기 추세를 따른다. 이것을 '변동성 군집(Volatility Clustering)'이라고 한다.

이것을 아는 게 왜 중요할까? 최근 변동성이 낮으면 갑자기 크게 하락해서 큰 손실을 볼 가능성이 작으므로 좀 더 큰 금액을 투자할 수 있고, 최근 변동성이 높으면 큰 손실을 볼 가능성이 크므로 투자 금액을 낮출 수 있기 때문이다. 따라서 그냥 기계적으로 자산의 5%를 투자하는 것이 아니라 최근 변동성이 낮으면 좀 더 큰 금액을, 최근 변동성이 높으면 좀 더 작은 금액을 투자할 수 있다. 구체적으로 어떻게 투자할까?

■ 비트코인의 1일 변동성(5일간)                              (단위: 달러)

| 날짜 | 시가 | 저가 | 고가 | 종가 | 1일 변동성 |
|---|---|---|---|---|---|
| 2023.6.16 | | | | 26,329.75 | |
| 2023.6.17 | 26,329.75 | 26,170.63 | 26,776.83 | 26,510.42 | 2.30% |
| 2023.6.18 | 26,510.42 | 26,260.18 | 26,689.18 | 26,338.27 | 1.62% |
| 2023.6.19 | 26,338.27 | 26,260.78 | 27,035.48 | 26,837.26 | 2.94% |
| 2023.6.20 | 26,837.26 | 26,645.69 | 28,410.71 | 28,318.58 | 6.58% |

| 날짜 | 시가 | 저가 | 고가 | 종가 | 1일 변동성 |
|---|---|---|---|---|---|
| 2023.6.21 | 28,318.58 | 28,277.2 | 30,776.77 | 30,000.86 | 8.83% |
| 5일 평균 | | | | | 4.45% |

'1일 변동성'은 (고가-저가)/전날 종가로 계산한다. 6월 17일~6월 21일 평균 1일 변동성은 4.45%다. 변동성이 이 수준으로 지속되면 하루 만에 평균적으로 자산의 4.45%를 잃을 수 있다(이게 너무 지나친 가정은 아니다. 원래 개미 투자자의 유일한 재능은 정확히 고점에서 사서 저점에서 파는 것이 아닌가?). 4.45% 손실은 좀 큰 감이 있다.

나는 리스크를 혐오하는 사람에게는 변동성 0.5%, 보통 사람에게는 변동성 1%, 주변에서 정말 통 크고 마인드가 강하고 멘탈이 강하다는 소리를 자주 듣는 사람에게는 변동성 2%를 추천한다.

그렇다. 정말 멘탈이 강한 사람도 1일 변동성 2% 이상을 감당하기는 심리적으로 매우, 매우 어렵다. 그럼 1일 변동성을 보통 사람 기준인 1% 정도로 제한하려면 어떻게 해야 할까? 자산의 1%/4.45% = 22.47%만 비트코인에 투자하고 나머지 77.53%는 현금으로 보유하면 된다. 그럼 현금의 변동성은 0%니까 전체 코인 + 현금 포트폴리오의 변동성은 22.47% × 4.45% + 77.53% × 0 = 1%로 줄어든다.

앞에서 배운 추세추종 전략과 변동성 조절 전략을 혼합하면 다음과 같이 투자 전략을 세울 수 있다.

# 리스크 관리 전략 1
## 비트코인 추세추종 + 변동성 조절

**①** 비트코인 가격이 120일 이동평균선 위일 때만 투자

**②** 단, 전체 금액을 투자하지 않고 변동성을 1%로 조절해서 매일 투자 비중을 변경

　　− 투자 비중: 1%/최근 5일 변동성

이렇게 투자한 결과는 다음과 같다.

■ **120일 이동평균선 + 변동성 1%(2013.10～2018.3 수익)**　　　　　　(단위: %)

■ 120일 이동평균선 + 변동성 1%(2013.10~2018.3 하락 폭)　　　　(단위: %)

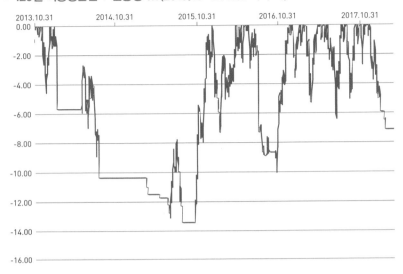

■ 120일 이동평균선 + 변동성 1%(2018.4~2023.12 수익)　　　　(단위: %)

■ 120일 이동평균선 + 변동성 1%(2018.4~2023.12 하락 폭)　　　　　　(단위: %)

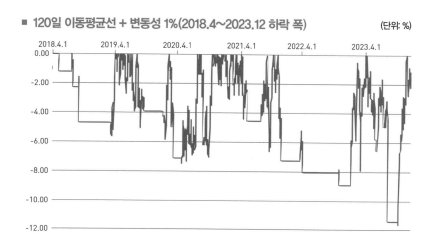

■ 120일 이동평균선 + 변동성 1%의 연 복리 수익률과 MDD

| 구간 | 연 복리 수익률 | MDD |
|---|---|---|
| 2013.10~2018.3 | 21.36% | 16.66% |
| 2018.3~2023.12 | 14.78% | 11.45% |
| 전체(2013.10~2023.12) | 17.43% | 16.66% |

　비트코인 가격이 120일 이동평균선 위일 때만 투자하고 변동성 조절로 투자 금액을 조정하니 연 복리 약 17%, MDD 약 17% 수준의 전략이 탄생했다. 이 전략을 썼을 때 2013~2018년 구간에서 수익률이 좀 더 높았으나 대신 MDD도 더 높았다. 개인적으로 나는 2024~2025년에 상승장이 와서 연 복리 수익률이 20% 정도로 오를 것으로 전망한다.

　"겨우 연 복리 수익률 15~20%를 벌려고 비트코인에 투자하는 거 아니잖아!"라고 불평할 수도 있다. 그런데 냉정하게 말하면 지금 본인의 수익률이 -18%도 안 되니까 돈을 벌기 위해 이 책을 읽고 있는 게 아닌가? 그리고 이 전략을 쓰면 최악의 상황이 닥쳐도 20% 미만으로 잃는다. 자신이 보유한 코인이 70%, 80%, 90% 하락하는 바람에 속이 쓰려서 잠을 설치던 밤을 생각해 보자. 코인이 아무리 폭락해도 손실률이 20% 미만이라는 것의 가치에 어느 정도 공감할 수 있을 것이다.

수익률이 15~20%라고? 그래, 아직 좀 모자란 것은 인정한다. MDD를 20% 미만으로 유지하면서 더 높은 수익을 낼 수 있는 전략을 뒤에서 좀 더 배워 보자.

또 "비트코인에서 120일 이동평균선이 가장 잘 통했기 때문에 그 이동평균선을 사용한 것이 아닌가? 그렇다면 이건 과최적화가 아닌가?"라고 질문할 수도 있다. 이 질문에 일리가 있다는 것도 인정한다! 코인마켓캡Coinmarketcap.com, 인베스팅닷컴investing.com 등 사이트에서 코인 일봉 데이터를 직접 다운받고 5일, 10일, 20일, 60일, 200일 이동평균선을 기준으로 저 전략을 한번 백테스트해 보고, 다섯 개 이동평균선(10일, 20일, 60일, 120일, 200일)을 포함한 백테스트도 한번 해 보자. 본인의 실력 향상에 매우 큰 도움이 될 것이고, 모든 전략에서 MDD가 확실히 줄어든다는 것을 알게 될 것이다.

## 리스크 관리 전략 2
## 추세추종 + 변동성 조절 + 이더리움

① 비트코인, 이더리움에 자산을 50%씩 분배

② 비트코인, 이더리움 가격이 각각 120일, 20일 이동평균선보다 높을 때만 투자

③ 단, 전체 금액을 투자하지 않고 비트코인, 이더리움의 변동성을 1%로 조절해서 매일 투자 비중을 변경
  - 투자 비중: 1% / 최근 5일 변동성의 평균

앞 전략과 아주 유사한데, 이 전략에는 비트코인뿐만 아니라 이더리움도 활용하는 것이 차이점이다. 두 코인은 상관성은 높지만 움직임은 조금씩은 다르니 분산투자 효과를 기대해 볼 수 있다. 일단 자산을 비트코인과 이더리움으로 각각 나누고, 비트코인과 이더리움 가격이 각각 120일·20일 이동평균선보다 높을 때만 투자하고 그렇지 않으면 현금으로 보유한다.

이렇게 하면 비트코인의 경우 장기 이동평균선(120일)을 기준으로 하니 거래가 많지 않을 것이고, 이더리움의 경우 단기 이동평균선(20일)을 기준으로 하니 거래가 좀 더 잦을 것이다. 이때 두 코인의 상승장 기준이 달라서 매매 시점이 달라지므로 또 한 번 분산투자 효과를 얻을 수 있다.

여기서도 MDD를 낮추기 위해 과거 변동성에 근거해 투자 비중을 제한하는 기법을 사용한다. 투자 비중은 1%/최근 5일 변동성의 평균으

로 해서 하루에 1% 이상 잃는 사례를 최소화한다. 이 경우 어떤 결과가 나왔는지 살펴보자.

■ 120일 이동평균선 + 변동성 1%(2018.3~2023.12 수익)　(단위: %)

■ 120일 이동평균선 + 변동성 1%(2013.10~2018.3 하락 폭)　(단위: %)

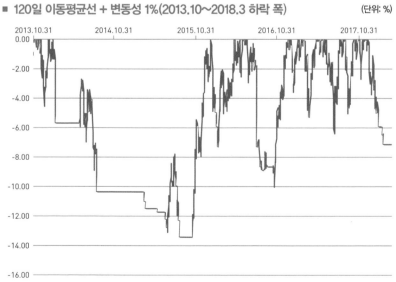

■ 비트코인 vs. 비트코인 + 이더리움 전략 비교분석

| 구간 | 연 복리 수익률 | MDD |
|------|------------|-----|
| 비트코인 전략 | 14.78% | 11.45% |
| 비트코인 + 이더리움 전략 | 16.07% | 10.50% |

비트코인과 이더리움을 섞으면 연 복리 수익률이 다소 증가하고 MDD가 다소 감소하는 것을 알 수 있다. 이렇게 투자하는 코인 수를 늘리고, 각 코인의 상승장/하락장 기준을 다르게 가져가면 분산투자 효과를 누리면서 수익은 좀 더 높게, MDD는 좀 더 낮게 가져갈 수 있다.

BITCOIN

# 10

## 소형 코인 효과

# 비트코인 + 알트코인 투자 전략

　지금까지 비트코인과 이더리움 가격이 특정 이동평균선보다 위에 있을 때만 투자하는 전략을 분석했다. 비트코인과 알트코인의 상관관계는 매우 높으므로 나는 비트코인 가격이 이동평균선보다 높을 때만 비트코인 + 알트코인에 투자하고, 그렇지 않은 경우에는 자금을 현금화하는 전략을 매우 권장한다.

　너무 중요한 내용이라서 다시 한번 반복한다! 비트코인 가격이 이동평균선보다 높을 때만 비트코인 + 알트코인에 투자하고 그렇지 않으면 그냥 현금을 들고 있어라.

　어떤 이동평균선을 사용하느냐고? 10일, 20일, 60일, 120일, 200일 이동평균선 중 하나를 사용할 수도 있고, 코인 가격이 이 다섯 개 이동평균선 중 세 개를 상회하면 투자하는 방법도 있고, 상회하는 이동평균선 비중대로 투자하는 방법도 있다(154쪽 참조).

　그런데 비트코인 가격이 이동평균선을 상회할 경우 비트코인과 이더리움에만 투자하는 것이 좋을까? 그렇지는 않다. 세상에는 수많은 알트코인이 존재하고 이 중에는 비트코인, 이더리움보다 훨씬 높은 수익률을 기록하는 코인들도 매우 많다. 업비트나 바이낸스에 들어가 보면 1주일 만에 2배, 3배 오른 코인들이 수두룩하다. 그런 코인에 올라타서 더 큰 부를 축적할 수는 없을까? 앞에서 특히 상승장 말기에는 알트코인의 수익률이 비트코인의 수익률을 압도한다고 언급한 바 있다.

　이쯤에서 부끄러운(?) 점을 밝히겠다. 아마 내 유튜브나 책 등을 통해 아는 사람도 많겠지만, 나는 사실 골수 코인러(?)가 아니라 약 20년 동안 주식과 ETF 퀀트 투자를 통해 돈을 벌어서 조기 은퇴한 사람이다. 그렇다, 나는 주식 같은 것(?)에 투자하는 틀딱이 맞다!

그런데 주식과 코인 둘 다 사람이 거래하는 자산이기에 주식에 통하는 전략들이 코인에도 통하는 경우가 많다. 이런 전략들이 통하는 이유는 인간 심리의 약점을 역이용하기 때문이다(인간 심리가 투자에 미치는 영향에 관해서는 18장에서 자세히 서술한다).

주식에는 '소형주 효과'라는 것이 존재한다. 시가총액이 낮은 초소형주 또는 소형주의 수익률이 중형주, 대형주의 수익률을 능가하는 현상을 말한다.

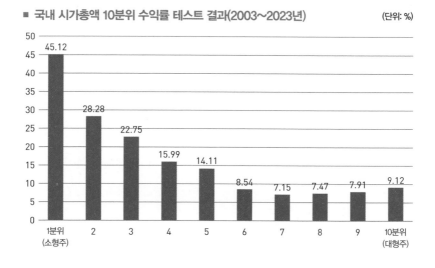

■ 국내 시가총액 10분위 수익률 테스트 결과(2003~2023년)　　　(단위: %)

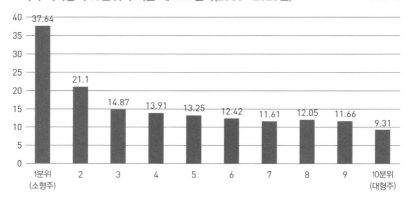

■ 미국 시가총액 10분위 수익률 테스트 결과(2003~2023년)　　　　　(단위: %)

특히 소형주 중에서는 적자기업, 관리종목 중 오늘내일 파산할 기업
위 표는 국내와 미국에 상장된 모든 주식을 시가총액으로 구분해서
10등분하고, 각 10분위의 수익률을 계산한 결과다. 국내에 상장기업이
2,000개 있다고 치면 10분위 수익률은 앞 페이지의 그래프와 같다. 이
10분위 수익률 테스트에서는 금융사, 지주사, 관리종목, 최근 분기 또
는 최근 4분기 동안 적자를 기록한 기업 및 한국에 상장한 중국기업은
제외했다. 참고로 주식 10분위 수익률 테스트는 퀀터스quantus.kr 사이
트에서 할 수 있다.

특히 소형주 중에서는 적자기업, 관리종목 중 오늘내일 파산할 기업
들이 많아서 그런 기업들은 제외하고, 어느 정도 건강한 상장기업을 대
상으로 시가총액이 수익률에 어떤 영향을 미치는지 분석해 보았다.

**■ 국내에 상장기업이 2,000개 있다고 가정할 경우, 시가총액 10분위 분포**

| 분위 | 시가총액 순위 |
|---|---|
| 1 | 1,801~2,000 |
| 2 | 1,601~1,800 |
| 3 | 1,401~1,600 |
| 4 | 1,201~1,400 |
| 5 | 1,001~1,200 |
| 6 | 801~1,000 |
| 7 | 601~800 |
| 8 | 401~600 |
| 9 | 201~400 |
| 10 | 1~200 |

누구나 알 만한 삼성전자, 현대차 등 대기업은 10분위에 속한다. 1분위에는 아마 대부분의 투자자들이 평생 들어보지 못했을, 시가총액 500억 원 이하의 기업들이 속해 있다.

재밌는 것은 주식 수익률이 시가총액과 완전히 반비례한다는 것이다! 우리가 국내 시가총액 최하위 10% 기업에만 20년 동안 꾸준히 투자했으면 연 복리 45%, 총 수익률 241,885%를 벌 수 있었다(오타 아니다). 미국도 마찬가지로 시가총액 최하위 10% 기업의 수익률이 매우 높았다(연 복리 37.6%, 총 수익률 59,452%. 이것도 오타 아니다). 반면에 시가총액 상위 10% 대형주의 연 복리 수익률은 국내가 9.1%, 미국이 9.3%에 불과했다.

이렇게 시가총액이 낮은 소형주가 많이 오르고 대형주가 부진한 현상이 일어나는 이유는 무엇일까? 보통 주식 포트폴리오를 짜면 대형주든 소형주든 오르는 주식, 내리는 주식, 횡보하는 주식이 있게 마련인데, 대부분의 포트폴리오에서는 10개 주식 중 크게 오르는 1~2개 주식이 전체 포트폴리오를 '캐리'한다. 그런데 대형주는 많이 올라도 대부분 30~50% 오르는 데 그치는 반면, 소형주는 300~500% 혹은 그 이상으로 오를 수 있는 잠재력이 있다. 아래 포트폴리오 예시를 한번 보자.

■ 대형주 포트폴리오 예시

| 주식 | 수익률(%) | 주식 | 수익률(%) |
|---|---|---|---|
| 대형주 1 | 27 | 대형주 6 | 13 |
| 대형주 2 | 3 | 대형주 7 | 24 |
| 대형주 3 | 1 | 대형주 8 | 36 |
| 대형주 4 | 49 | 대형주 9 | −28 |
| 대형주 5 | −11 | 대형주 10 | −15 |
| 포트폴리오 전체 | | | 9.9 |

■ 소형주 포트폴리오 예시

| 주식 | 수익률(%) | 주식 | 수익률(%) |
|---|---|---|---|
| 소형주 1 | 500 | 소형주 6 | 13 |
| 소형주 2 | 3 | 소형주 7 | 24 |
| 소형주 3 | 1 | 소형주 8 | 36 |
| 소형주 4 | 49 | 소형주 9 | −28 |
| 소형주 5 | −11 | 소형주 10 | −15 |
| 포트폴리오 전체 | | | 57.3 |

각각 10개 주식으로 구성된 대형주 포트폴리오와 소형주 포트폴리

오를 비교해 보면 2~10번 주식의 수익률이 동일하다. 이 주식들은 모두 소폭으로 상승, 하락하거나 횡보했다. 그런데 1번 주식의 경우 대형주는 27% 오른 반면 소형주는 500% 상승했다. 이 주식 한 개 때문에 대형주와 소형주 포트폴리오의 수익률 차이가 47.4%나 벌어졌다! 말도 안 되는 사례라고? 실제로 소형주에 투자하다 보면 이런 사례가 자주 등장한다. 이렇게 한두 종목이 엄청난 수익률을 올리는 것은 예외가 아니라 꽤 자주 일어나는 사례라고 강조하고 싶다.

　　내 실제 주식 포트폴리오를 아래에 공개한다. 2023년 10월 중순부터 미국 20개 소형주 포트폴리오와 몇 개 ETF에 투자하고 있는데, 대형주 ETF인 S&P 500은 이 구간에서 10.14% 상승했다. 반면에 4개의 소형주는 몇백 %나 상승했다. 이렇게 몇 개 종목이 세 자리 수익률을 올리는 것은 꽤 자주 있는 사례다(이 포트폴리오는 참고만 하기 바란다. 매수 추천용은 아니다).

**■ 내가 보유 중인 미국 주식 포트폴리오(2023.12.29 기준)**

| 구분 | 종목명 | 결제보유수량 | 매수수량 | 매도수량 | 체결보유수량 | 주문가능수량 | 매입단가 | 매입금액 | 현재가 | 평가금액 | 평가손익 | 수익률 |
|---|---|---|---|---|---|---|---|---|---|---|---|---|
| 현금 | ARB IOT 그룹 | 3,852 | 0 | 0 | 3,852 | 3,852 | 1,058 | 4,076,824 | 3,249 | 12,516,257 | 8,439,433 | 207.00 |
| 현금 | 벨 퓨즈 A | 69 | 0 | 0 | 69 | 69 | 63,928 | 4,411,063 | 83,811 | 5,782,959 | 1,371,896 | 31.10 |
| 현금 | 브로드윈드 에너지 | 1,329 | 0 | 0 | 1,329 | 1,329 | 3,391 | 4,506,801 | 3,777 | 5,020,884 | 514,083 | 11.40 |
| 현금 | 차이나 오토모티브 시스템 | 1,233 | 0 | 0 | 1,233 | 1,233 | 4,521 | 5,574,798 | 4,248 | 5,238,490 | -336,308 | -6.03 |
| 현금 | 크라운 크래프츠 | 868 | 0 | 0 | 868 | 868 | 6,459 | 5,607,187 | 6,266 | 5,439,308 | -167,879 | -2.99 |
| 현금 | 다이렉트 디지털 홀딩스 | 505 | 0 | 0 | 505 | 505 | 3,236 | 1,634,378 | 20,269 | 10,236,030 | 8,601,652 | 526.29 |
| 현금 | 이글 파머슈티컬스 | 880 | 0 | 0 | 880 | 880 | 6,282 | 5,528,805 | 6,982 | 6,144,248 | 615,443 | 11.13 |
| 현금 | 플럭스파워 | 2,553 | 0 | 0 | 2,553 | 2,553 | 2,152 | 5,495,422 | 2,230 | 5,694,880 | 199,458 | 3.62 |
| 현금 | 스텔스가스 | 711 | 0 | 0 | 711 | 711 | 8,767 | 6,233,991 | 8,303 | 5,903,956 | -300,035 | -5.29 |
| 현금 | 키 트로닉 | 1,021 | 0 | 0 | 1,021 | 1,021 | 5,417 | 5,531,010 | 5,467 | 5,581,864 | 50,854 | 0.91 |
| 현금 | MEI 파마 | 661 | 0 | 0 | 661 | 661 | 8,399 | 5,552,091 | 7,684 | 5,079,668 | -472,423 | -8.50 |
| 현금 | 파포먼스 쉽핑 | 2,138 | 0 | 0 | 2,138 | 2,138 | 2,608 | 5,576,397 | 2,939 | 6,285,360 | 708,963 | 12.71 |
| 현금 | 스마트 샌드 | 2,272 | 0 | 0 | 2,272 | 2,272 | 2,782 | 6,321,257 | 2,475 | 5,624,672 | -696,595 | -11.01 |
| 현금 | 서지페이스 | 806 | 0 | 0 | 806 | 806 | 6,927 | 5,583,205 | 7,826 | 6,308,286 | 725,081 | 12.98 |
| 현금 | ISHARES TRUST BARCLAYS 20+ TREAS I | 1,026 | 0 | 0 | 1,026 | 1,026 | 111,404 | 114,300,668 | 128,656 | 132,001,396 | 17,700,728 | 15.48 |
| 현금 | 여만 원 | 1,041 | 0 | 0 | 1,041 | 1,041 | 5,388 | 5,608,915 | 5,312 | 5,530,133 | -78,782 | -1.40 |
| 현금 | 비아 리뉴어블스 | 479 | 0 | 0 | 479 | 479 | 12,034 | 5,764,662 | 12,133 | 5,811,828 | 47,166 | 0.81 |
| 현금 | 바코 머뉴팩처링 | 440 | 0 | 0 | 440 | 440 | 13,910 | 6,120,717 | 15,756 | 6,932,845 | 812,128 | 13.26 |
| 현금 | 엠포코 피츠버그 | 1,669 | 0 | 0 | 1,669 | 1,669 | 3,580 | 5,975,195 | 3,532 | 5,896,503 | -78,692 | -1.31 |
| 현금 | 올파이 | 982 | 0 | 0 | 982 | 982 | 2,991 | 2,937,562 | 6,588 | 6,470,234 | 3,532,672 | 120.25 |
| 현금 | 밴스 홀딩 | 850 | 0 | 0 | 850 | 850 | 1,552 | 1,319,417 | 4,912 | 4,175,721 | 2,856,304 | 216.48 |
| 현금 | ISHARES TRUST RUSSELL 2000 ETF | 437 | 0 | 0 | 437 | 437 | 255,821 | 111,793,790 | 263,089 | 114,969,969 | 3,176,179 | 2.84 |
| 현금 | SPDR S&P 500 ETF TRUST | 184 | 0 | 0 | 184 | 184 | 558,014 | 102,674,689 | 614,644 | 113,094,511 | 10,419,822 | 10.14 |

참고로 이 주식들을 어떤 논리로 뽑았는지 궁금할 수도 있는데《퀀트투자 무작정 따라하기》에 나오는 '소형주 성장가치 전략'이라는 레시피를 통해 선정한 종목들이다(내가 쓴 책을 홍보할 기회는 결코 놓치지 않는다!). 나는 저 기업들이 무엇을 하는 기업인지도 모른다. 여기서 보다시피 레시피 투자는 코인시장뿐만 아니라 주식시장에서도 잘 통한다.

주식에서는 '저가주 효과'도 있다. 주가가 낮은 주식의 수익률이 주가가 높은 주식의 수익률보다 월등히 높은 것을 말한다. 마찬가지로 국내, 미국 주식시장의 10분위 수익률 테스트 결과를 공개한다.

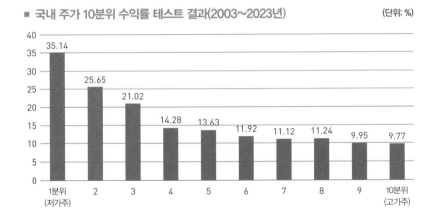

■ 국내 주가 10분위 수익률 테스트 결과(2003~2023년)　　　　(단위: %)

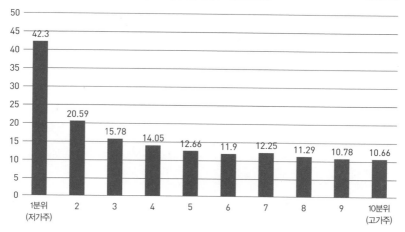

이런 저가주 효과는 왜 생길까? 주당 500원 하던 동전주가 2,000원, 3,000원이 되는 경우는 흔한 편이다. 그리고 이런 상승이 왠지 크게 과하다고 느껴지지 않는다. 많이 올라도 2,000원이 아닌가? 반면에 주가가 높은 주식은 아무래도 좀 더 무겁다. 50만 원 하던 주식이 갑자기 200만 원까지 오른다고 상상하기는 쉽지 않다. 실제로 저가 주식이 크게 상승해서 주주들을 행복하게 만든 사례는 꽤 많지만, 고가 주식이 그런 사례는 적은 편이다.

## 소형주와 저가주 효과, 코인에서도 나타날까?

'퀀터스'라는 막강한 소프트웨어의 도움을 받아 주식 시가총액 10분위 수익률 테스트는 가능했으나 코인은 종목이 너무 많아서 이런 테스트를 직접 수행할 수 없었다. 그런데 다행히 내가 찾는 백테스트를 수행한 논문이 있어서 그 결과를 빌려왔다.

Jinchuan Li, Yifeng Zhu가 2023년 5월에 발간한 "Re-examine Anomalies in the Cryptocurrency Market"이라는 논문이다. 두 저자는 2014년 1월 1일부터 2022년 12월 31일까지 시가총액이 100만 달러 이상인 코인 종목 총 3,969개의 수익률을 분석한 결과, 다음과 같은 사실을 밝혀냈다.

① 시가총액 하위 20% 코인의 주간 수익률이 상위 20% 코인보다 2% 높았다.
② 가격 하위 20% 코인의 주간 수익률이 상위 20% 코인보다 2.4% 높았다.

아니, 하위 코인의 주간 수익률이 2% 높다고? 그렇다면 연 차이는 100% 이상이라는 것 아닌가? 역시 코인도 소형 코인, 저가 코인의 수익률이 월등한 것일까? 그런데 코인 종목은 수만 개나 존재하지만 우리가 거래하는 업비트, 바이낸스 등 일반적인 거래소에서는 시가총액이 너무 작은 코인은 거래할 수 없다.

그렇다면 시가총액 상위 100개 종목의 코인만 분석하면 어떨까? 이 코인들은 대부분 거래가 가능하다. 저자들은 이 경우의 결과도 공개했다.

① 시가총액 하위 20% 코인의 주간 수익률이 상위 20% 코인보다 0.7% 높았다.
② 가격 하위 20% 코인의 주간 수익률이 상위 20% 코인보다 1.9% 높았다.

시가총액이 비교적 큰 100대 코인 중에서도 시가총액과 가격이 낮은 코인의 수익률이 월등한 것을 알 수 있다.

그런데 비트코인과 이더리움은 시가총액과 가격, 모든 면에서 암호화폐 시장의 1위와 2위가 아닌가! 그러니 이 둘보다는 시가총액과 가격이 낮은 알트코인에 투자하는 것이 좋아 보인다. 문제는 구체적으로 어떻게 투자하느냐는 것이다.

BITCOIN

# 11

## 시장과 개별 코인을 동시에 추종하는 듀얼 모멘텀 전략

# 상승장에서는 최근 많이 오른 코인에 집중하라

10장에서 시가총액이 작고 가격이 낮은 알트코인의 수익률이 비트코인, 이더리움의 수익률보다 더 높다는 사실을 배웠다. 따라서 수익을 극대화하기 위해서는 알트코인에 투자해야 한다. 그러나 5장에서 대부분의 알트코인은 '인플레이션 코인'이라 장기투자에 적합하지 않다는 사실 또한 배웠다. 그렇다면 어떻게 투자해야 할까? 장기 투자가 어렵다면 '치고 빠지는' 단기 투자를 해야 한다. 어떻게? '추세'를 따르면 된다.

지금까지 추세에 대해 배웠다. 코인시장에서도 오르는 놈은 계속 오르고 내리는 놈은 계속 내릴 가능성이 크다는 내용이었다. 놀라운 건 추세가 상대적인 개념이기도 하다는 것이다! 상승장에서는 모든 코인이 다 같이 오르고, 하락장에서는 모든 코인이 다 같이 하락하는 것은 아마 경험적으로 알고 있을 텐데, 그 수많은 코인을 대상으로도 다음의 진리는 동일하게 적용된다.

상대적으로 가장 많이 오른 코인은 계속 강하게 오를 가능성이 크고, 상대적으로 적게 오른 코인은 계속 적게 오를 가능성이 크다.

예를 들어, 2023년 11월 16일 기준 시가총액 100대 코인 중 셀레스티아(TIA) 등 몇몇 코인들의 1주일 수익률이 가장 좋았다면 다음 주에도 이 코인들의 수익률이 높을 가능성이 높다.

■ 시가총액 100대 코인 1주일 수익률(2023.11.16 기준)

그렇다면 이 경우는 어떨까?

**① 코인시장이 상승 추세일 때(즉, 비트코인 가격이 이동평균선을 상회할 경우)**
**② 최근 가장 많이 오른 코인에 투자하면 큰 수익을 기대할 수 있지 않을까?**

아마도 엄청난 돈을 벌 수 있지 않을까? 이렇게 '코인시장 상승추세 + 최근 가장 수익이 좋았던 자산'에 투자하는 전략을 '듀얼 모멘텀Dual Momentum' 전략이라고 한다. 이 전략은 개별주나 ETF에도 통하는데, 관심 있는 사람은 에프엔미디어에서 발행한 《듀얼 모멘텀》이라는 책을 참고하기 바란다(저자: 개리 안토나치Gary Antonacci, 역자: 서태준, 강환국).

듀얼 모멘텀 전략의 백테스트 수익률을 공개하기 전에 생각해 보자. 코인 시장에서는 '추세'가 어느 정도 지속 가능할까? 또한 '최근 많이 오른 코인'에서 '최근'의 범위를 어떻게 정의하면 좋을까? 주식시장에서는 최근 3~12개월간에 많이 오른 주식이 향후 1개월간에도 강한 추세를 유지하고, 그 후에는 추세 효과가 약해지는 것으로 알려져 있다. 그렇다면 코인시장에서는 어떨까? 이와 관련한 수많은 논문이 있는데, 공통된 의견은 다음과 같다.

① 최근 1주, 2주 또는 4주 동안 가장 강하게 오른 코인이 그 후 1주일간 상승추세를 유지한다.
② 최근 1주, 2주 또는 4주 동안 가장 많이 내린 코인이 그 후 1주일간 하락추세를 유지한다.

좋다, 이제 구체적인 전략을 짤 수 있다! 듀얼 모멘텀 전략이 코인시장에서도 통하는지 실험해 보기 위해 다음과 같은 전략을 세우고 백테스트를 해 보았다.

**듀얼 모멘텀 전략(2018.4~2023.12)**
① 매주 시가총액 20위 코인(USDT, BUSD, USDC 등 스테이블코인은 제외) 중
② 최근 1주일간 가장 수익이 높았던 코인 3종에 투자 – 단, 최근 1주일간 상승한 (수익률이 0 이상인) 코인에만 투자한다.
③ 2번 과정을 매주 반복
④ 단, 비트코인 가격이 120일 이동평균선보다 낮아지면 투자 중단 및 현금 보유

좀 더 자세히 설명하면, 오늘이 2025년 1월 1일이고 이 전략에 따라 3,000만 원을 투자한다고 가정해 보자.

1) 이날 비트코인 가격이 120일 이동평균보다 낮다면? 그럼 그냥 현금으로 보유하면 된다.

2) 이날 비트코인 가격이 120일 이동평균선보다 높다면? 그렇다면 시가총액 20위 코인 중 최근 1주일간 가장 많이 오른 코인 3종에 각각 1,000만 원씩 투자하면 된다. 그런데 가끔 비트코인 가격이 120일 이동평균선보다 높은데도 조정장이 와서 모든 코인이 하락하는 구간도 나온다. 그럴 때는 최근 1주일 동안 상승한 코인이 1, 2개라면 그 코인에만 각각 포트폴리오의 1/3을 투자하고 나머지는 현금으로 보유한다. 최근 1주일 동안 상승한 코인이 하나도 없다면 그냥 그 주는 현금으로 보유하고 쉬어 가자.

그런데 왜 시가총액 상위 20개 코인에 투자해야 할까? 상위 100개면 왜 안 될까? 500개는? 나는 사실 된다고 본다. 연구 결과에서도 시가총액이 낮은 코인의 수익률이 더 높다고 하지 않았나? 그런데 이렇게 범위를 너무 넓게 잡으면 지나치게 듣보잡인(?) 코인들을 너무 많이 사게 되어서 오히려 불안해질 수도 있다. 그렇지 않다면 상위 100개 코인 중 최근 1주일 동안 가장 많이 상승한 5개나 10개를 사는 방법도 괜찮다고 본다. 그러나 이 경우, 백테스트는 직접 해야 한다!

3,000만 원으로 코인 3종에 투자한 지 1주일이 지나서 1월 8일이 되었다.

1) 만약 이날 비트코인 가격이 하락해서 120일 이동평균선보다 낮아졌다면? 보유한 코인을 모두 팔고 현금으로 보유한다.

2) 만약 이날 비트코인 가격이 120일 이동평균선보다 높다면? 1월 1일부터 1월 8일까지 사이에 가장 많이 오른 코인 3종이 무엇인지 확인한다. 이 코인 3종은 내가 1월 1일에 산 코인과 일치할 수도 있고 아닐 수도 있다. 그렇다면 1월 8일 기준으로 적합한 코인 3종에 다시 1/3씩 자산을 배분해 리밸런싱하면 된다.

예를 들어 1월 1일 매수한 코인이 비트코인, 이더리움, 라이트코인이었는데, 1주일 동안 비트코인은 하락했고 이더리움과 라이트코인은 상승했다고 가정하자. 전체 포트폴리오는 3,060만 원으로 60만 원 증가했다.

■ 듀얼 모멘텀 리밸런싱 사례 1                                    (단위: 만 원)

| 1월 1일 매수 코인 | 1월 1일 매수 금액 | 1월 8일 금액 |
|---|---|---|
| 비트코인 | 1,000 | 900 |
| 이더리움 | 1,000 | 1,100 |
| 라이트코인 | 1,000 | 1,060 |
| 합계 | 3,000 | 3,060 |

그런데 일주일간 가장 많이 올라서 1월 8일에 매수해야 할 코인이 이더리움, 리플, 모네로라고 가정해 보자. 그렇다면 다음과 같이 리밸런싱을 실행하면 된다(수수료는 무시했다).

■ 듀얼 모멘텀 리밸런싱 사례 2                                    (단위: 만 원)

| 1월 1일 매수 코인 | 1월 8일 리밸런싱 전 금액 | 1월 8일 리밸런싱 후 금액 |
|---|---|---|
| 비트코인 | 900 | 0 |

| | | |
|---|---|---|
| 이더리움 | 1,100 | 1,020 |
| 라이트코인 | 1,060 | 0 |
| 리플 | 0 | 1,020 |
| 모네로 | 0 | 1,020 |
| **합계** | **3,060** | **3,060** |

자산이 3,060만 원이니 각 코인에 1,020만 원씩 배분하면 된다. 이 더리움을 1,100만 원어치 보유하고 있으니 그중에서 80만 원어치를 판다. 비트코인과 라이트코인은 필요 없으니 전액 팔고 그 돈으로 리플, 모네로를 각각 1,020만 원어치씩 매수해 포트폴리오에 새로 편입하면 된다.

이 전략을 5년간 실행(매매수수료 0.1% 적용)했다면 어떤 결과가 있었을까? 2014~2015년 하락장이 지나고 비트코인 가격은 2015년 10월에 120일 이동평균선을 상승 돌파했다. 그리고 어마어마한 상승장이 와서 2018년 1월까지 이동평균선 위에 머물렀다.

그 시기에 듀얼 모멘텀 전략의 수익률은 어땠는지 알아보자.

■ 듀얼 모멘텀 전략에 따른 보유 코인 및 주간 수익률

| 날짜 | 코인 1 | 코인 2 | 코인 3 | 코인 1 수익률 | 코인 2 수익률 | 코인 3 수익률 | 포트 폴리오 수익률 | 자산 |
|---|---|---|---|---|---|---|---|---|
| 2015-10-18 | | | | | | | | 1.00 |
| 2015-10-25 | GRC | ETH | BCN | 17.77% | 65.73% | 6.77% | 29.89% | 1.30 |
| 2015-11-01 | ETH | LTC | DOGE | -1.02% | -13.08% | -2.95% | -5.88% | 1.22 |
| 2015-11-08 | RBY | XMR | BTC | -12.44% | -13.95% | -14.43% | -13.81% | 1.05 |

| 날짜 | 코인1 | 코인2 | 코인3 | 코인1 수익률 | 코인2 수익률 | 코인3 수익률 | 포트 폴리오 수익률 | 자산 |
|---|---|---|---|---|---|---|---|---|
| 2015-11-15 | MAID | NSR | | -16.42% | 9.00% | 0.00% | -2.67% | 1.03 |
| 2015-11-22 | RBY | NSR | GRC | 27.72% | 21.08% | 19.10% | 22.43% | 1.26 |
| 2015-11-29 | RBY | NMC | PPC | 19.22% | -13.33% | -11.39% | -2.03% | 1.23 |
| 2015-12-06 | XRP | MAID | RBY | 63.82% | 2.01% | 3.51% | 22.91% | 1.51 |
| 2015-12-13 | XRP | DASH | ETH | -29.06% | -9.27% | -5.77% | -14.90% | 1.29 |
| 2015-12-20 | FCT | XMR | BTC | 22.93% | -7.74% | -3.38% | 3.74% | 1.33 |
| 2015-12-27 | RBY | FCT | DASH | -13.43% | 41.57% | 21.13% | 16.22% | 1.55 |
| 2016-01-03 | FCT | DASH | ETH | 14.70% | 1.42% | 3.06% | 6.19% | 1.65 |
| 2016-01-10 | EMC | MAID | DOGE | 36.55% | -13.38% | -10.15% | 4.14% | 1.72 |
| 2016-01-17 | YBC | DASH | EMC | 25.55% | -2.62% | -39.83% | -5.83% | 1.62 |
| 2016-01-24 | ETH | YBC | DOGE | 8.30% | -26.81% | 40.23% | 7.04% | 1.73 |
| 2016-01-31 | EMC | DOGE | XRP | -20.86% | 4.28% | 30.29% | 4.37% | 1.80 |
| 2016-02-07 | YBC | ETH | XRP | 1.10% | 74.59% | 2.06% | 25.72% | 2.27 |
| 2016-02-14 | MAID | ETH | XMR | 20.09% | -12.06% | -0.13% | 2.43% | 2.32 |
| 2016-02-21 | AGRS | MAID | PPC | 5.44% | 56.85% | -5.11% | 18.86% | 2.76 |
| 2016-02-28 | ETH | MAID | XMR | 74.30% | 18.83% | 37.55% | 43.36% | 3.96 |
| 2016-03-06 | FCT | ETH | XEM | 25.49% | 32.65% | 10.02% | 22.52% | 4.85 |
| 2016-03-13 | TIPS | BTS | ETH | -64.27% | -20.20% | -26.53% | -37.20% | 3.05 |
| 2016-03-20 | DASH | | | 15.56% | 0.00% | 0.00% | 4.99% | 3.20 |
| 2016-03-27 | EMC | TIPS | BCN | -1.20% | -21.92% | 45.65% | 7.31% | 3.43 |
| 2016-04-03 | AMP | XCP | BCN | -42.08% | -22.26% | -22.54% | -29.16% | 2.43 |
| 2016-04-10 | TIPS | XEM | BTC | -14.32% | 7.37% | 1.26% | -2.10% | 2.38 |
| 2016-04-17 | MAID | FCT | DOGE | -13.44% | -8.34% | 0.20% | -7.39% | 2.20 |
| 2016-04-24 | FTC | AMP | LTC | -47.35% | -15.34% | 3.32% | -19.99% | 1.76 |
| 2016-05-01 | YBC | ETH | DASH | -12.23% | 6.75% | -1.50% | -2.53% | 1.72 |
| 2016-05-08 | DGD | TIPS | AMP | -17.40% | 6.30% | -18.99% | -10.23% | 1.54 |

| 날짜 | 코인 1 | 코인 2 | 코인 3 | 코인 1 수익률 | 코인 2 수익률 | 코인 3 수익률 | 포트 폴리오 수익률 | 자산 |
|---|---|---|---|---|---|---|---|---|
| 2016-05-15 | STEEM | AMP | DASH | 11.64% | 0.38% | 11.58% | 7.67% | 1.66 |
| 2016-05-22 | ETH | TIPS | MAID | -13.40% | -17.45% | 6.03% | -8.47% | 1.52 |
| 2016-05-29 | BTC | LTC | PPC | 7.99% | 3.10% | -4.40% | 2.03% | 1.55 |
| 2016-06-05 | LSK | XEM | DGD | -13.12% | 4.66% | 12.45% | 1.13% | 1.57 |
| 2016-06-12 | XRM | BTC | DOGE | 48.90% | 13.89% | 24.37% | 28.85% | 2.02 |
| 2016-06-19 | XEM | SC | AMP | 38.98% | 7.37% | 0.15% | 15.30% | 2.33 |
| 2016-06-26 | NXT | XEM | DAO | 20.77% | 59.23% | -17.74% | 20.55% | 2.81 |
| 2016-07-03 | EMC | XEM | NXT | 14.06% | -24.88% | -3.67% | -5.03% | 2.67 |
| 2016-07-10 | STEEM | AMP | EMC | 444.32% | 27.72% | -6.10% | 155.11% | 6.81 |
| 2016-07-17 | STEEM | AMP | NXT | 7.15% | 3.87% | 8.20% | 6.21% | 7.23 |
| 2016-07-24 | EMC | ETH | DASH | -32.23% | -8.22% | 3.27% | -12.59% | 6.32 |
| 2016-07-31 | ETC | DGD | DASH | 17.36% | -8.02% | 6.23% | 4.99% | 6.64 |
| 2016-08-07 | ETC | DOGE | MAID | -11.16% | -4.98% | 26.51% | 3.26% | 6.85 |
| 2016-08-14 | DASH | FCT | XEM | -7.04% | 7.58% | -1.85% | -0.64% | 6.81 |
| 2016-08-21 | LSK | XMR | AMP | -15.08% | 267.30% | 63.94% | 105.19% | 13.97 |
| 2016-08-28 | XMR | FCT | DGD | 51.52% | -11.25% | -6.38% | 11.10% | 15.52 |
| 2016-09-04 | XMR | EMC | ETC | -17.07% | -6.75% | -7.09% | -10.50% | 13.89 |
| 2016-09-11 | BCY | MAID | FCT | -44.60% | -6.56% | 2.12% | -16.55% | 11.60 |
| 2016-09-18 | DGD | XRP | WAVES | 2.23% | 14.89% | -5.29% | 3.74% | 12.03 |
| 2016-09-25 | STEEM | XRP | XLM | -23.68% | 2.76% | 16.60% | -1.64% | 11.83 |
| 2016-10-02 | XLM | WAVES | XRP | -15.53% | 11.47% | -7.81% | -4.16% | 11.34 |
| 2016-10-09 | WAVES | BCT | | 10.67% | 3.89% | 0.00% | 4.65% | 11.87 |
| 2016-10-16 | WAVES | XRP | FCT | 34.43% | 16.37% | 6.20% | 18.80% | 14.10 |
| 2016-10-23 | WAVES | NLG | XRP | 19.32% | -11.35% | -14.54% | -2.39% | 13.76 |
| 2016-10-30 | WAVES | PPY | BTC | 4.91% | -11.55% | 1.36% | -1.96% | 13.49 |
| 2016-11-06 | STEEM | LSK | REP | -41.46% | -13.16% | -8.19% | -21.14% | 10.64 |

| 날짜 | 코인 1 | 코인 2 | 코인 3 | 코인 1 수익률 | 코인 2 수익률 | 코인 3 수익률 | 포트 폴리오 수익률 | 자산 |
|---|---|---|---|---|---|---|---|---|
| 2016-11-13 | ICN | XMR | XEM | 2.14% | -10.83% | -13.56% | -7.62% | 9.83 |
| 2016-11-20 | BTC | ICN | FCT | 0.37% | -6.00% | -1.13% | -2.45% | 9.59 |
| 2016-11-27 | STEEM | XMR | DASH | 15.96% | -1.20% | -2.95% | 3.74% | 9.95 |
| 2016-12-04 | STEEM | ICN | BTC | -12.25% | 16.60% | 0.05% | 1.27% | 10.07 |
| 2016-12-11 | XLM | ETC | DGD | 26.34% | 13.21% | -8.26% | 10.23% | 11.10 |
| 2016-12-18 | MAID | FCT | XLM | 4.61% | -8.79% | -10.19% | -4.99% | 10.55 |
| 2016-12-25 | ICN | LTC | XMR | -9.07% | 3.02% | 43.15% | 12.17% | 11.83 |
| 2017-01-01 | XMR | REP | ETC | -2.93% | 16.61% | 4.84% | 5.97% | 12.54 |
| 2017-01-08 | ETH | REP | DASH | -3.59% | -10.05% | -0.57% | -4.94% | 11.92 |
| 2017-01-15 | MAID | WAVES | XRP | 12.25% | -1.24% | -0.95% | 3.15% | 12.30 |
| 2017-01-22 | GNT | DASH | ETC | 26.24% | 2.55% | -5.81% | 7.46% | 13.21 |
| 2017-01-29 | XEM | GNT | MAID | 23.98% | 0.82% | 12.36% | 12.19% | 14.82 |
| 2017-02-05 | XEM | MAID | BTC | 6.87% | 20.44% | -2.93% | 7.93% | 16.00 |
| 2017-02-12 | MAID | WAVES | REP | 8.05% | -2.77% | 15.65% | 6.78% | 17.08 |
| 2017-02-19 | DASH | REP | ETH | 22.97% | -4.53% | 13.67% | 10.50% | 18.88 |
| 2017-02-26 | DASH | ETH | BTC | 50.65% | 34.35% | 8.64% | 31.01% | 24.73 |
| 2017-03-05 | XEM | DASH | ETH | -13.25% | 79.72% | 21.89% | 29.25% | 31.97 |
| 2017-03-12 | DASH | REP | ETH | 39.58% | 16.25% | 87.02% | 47.42% | 47.13 |
| 2017-03-19 | STEEM | ETH | XEM | -16.54% | 13.99% | -15.52% | -6.22% | 44.19 |
| 2017-03-26 | DCR | XRP | ICN | -28.50% | 544.49% | 36.07% | 183.82% | 125.43 |
| 2017-04-02 | XRP | LCT | DOGE | -35.89% | 14.24% | -15.19% | -12.48% | 109.78 |
| 2017-04-09 | STRAT | XEM | LTC | 58.56% | 19.56% | 23.99% | 33.84% | 146.92 |
| 2017-04-16 | PIVX | BCC | STRAT | -43.19% | 5.97% | -11.63% | -16.48% | 122.70 |
| 2017-04-23 | DCR | ETC | XEM | -5.55% | 82.36% | 63.09% | 46.43% | 179.68 |
| 2017-04-30 | GNT | ETC | XRP | 6.99% | 9.73% | 169.39% | 61.84% | 290.79 |
| 2017-05-07 | XLM | XRP | LTC | -10.20% | 48.30% | -3.15% | 11.45% | 324.08 |

| 날짜 | 코인 1 | 코인 2 | 코인 3 | 코인 1 수익률 | 코인 2 수익률 | 코인 3 수익률 | 포트폴리오 수익률 | 자산 |
|---|---|---|---|---|---|---|---|---|
| 2017-05-14 | ROUND | WAVES | XRP | -18.88% | 29.88% | 49.68% | 20.03% | 388.99 |
| 2017-05-21 | BCN | SC | BTS | -35.67% | -31.89% | -35.80% | -34.65% | 254.19 |
| 2017-05-28 | ETC | ZEC | STRAT | 11.57% | 23.87% | 231.28% | 88.71% | 479.67 |
| 2017-06-04 | DGB | STRAT | SC | -32.37% | -16.83% | 3.59% | -15.40% | 405.79 |
| 2017-06-11 | BTS | LSK | STEEM | -11.79% | -16.45% | -15.02% | -14.62% | 346.46 |
| 2017-06-18 | LTC | ZEC | ETH | -2.72% | -12.18% | -18.87% | -11.46% | 306.77 |
| 2017-06-25 | MIOTA | XRP | BTC | -16.51% | -13.52% | -3.36% | -11.33% | 272.01 |
| 2017-07-02 | NEO | | | -14.47% | 0.00% | 0.00% | -5.02% | 258.35 |
| 2017-07-09 | LTC | BCC | DASH | -18.49% | 1.23% | -32.95% | -16.94% | 214.59 |
| 2017-07-16 | | | | 0.00% | 0.00% | 0.00% | -0.20% | 214.59 |
| 2017-07-23 | STRAT | STEEM | NEO | -22.31% | -25.18% | -16.65% | -21.58% | 168.28 |
| 2017-07-30 | | | | 0.00% | 0.00% | 0.00% | -0.20% | 168.28 |
| 2017-08-06 | NEO | WAVES | QTUM | 203.67% | -3.54% | 45.04% | 81.52% | 305.47 |
| 2017-08-13 | NEO | PAY | OMG | -23.51% | -20.45% | 20.39% | -8.06% | 280.86 |
| 2017-08-20 | BCH | DASH | OMG | -15.72% | 22.83% | -1.50% | 1.67% | 285.55 |
| 2017-08-27 | XRM | LSK | QTUM | -5.94% | 6.78% | -1.75% | -0.50% | 284.12 |
| 2017-09-03 | OMG | LTC | BCC | 10.93% | -19.68% | -3.08% | -4.14% | 272.34 |
| 2017-09-10 | OMG | | | -14.92% | 0.00% | 0.00% | -5.17% | 258.26 |
| 2017-09-17 | | | | 0.00% | 0.00% | 0.00% | -0.20% | 258.26 |
| 2017-09-24 | ZEC | ETH | DASH | 25.99% | 5.88% | -6.36% | 8.30% | 279.70 |
| 2017-10-01 | NEO | QTUM | BCC | -8.95% | -9.11% | 7.60% | -3.69% | 269.39 |
| 2017-10-08 | XRP | BCC | BTC | -1.49% | 30.32% | 23.46% | 17.23% | 315.80 |
| 2017-10-15 | ADA | BCC | BTC | -7.98% | 7.10% | 7.01% | 1.84% | 321.62 |
| 2017-10-22 | XLM | BCC | BTC | -3.63% | 11.35% | 2.85% | 3.32% | 332.31 |
| 2017-10-29 | BCH | BCC | ZEC | 38.82% | 22.36% | -3.51% | 19.02% | 395.53 |
| 2017-11-05 | BCH | BCC | ETC | 120.77% | -20.87% | 11.67% | 36.99% | 541.84 |

| 날짜 | 코인 1 | 코인 2 | 코인 3 | 코인 1 수익률 | 코인 2 수익률 | 코인 3 수익률 | 포트 폴리오 수익률 | 자산 |
|---|---|---|---|---|---|---|---|---|
| 2017-11-12 | BCH | DASH | MIOTA | -14.09% | -1.98% | 43.39% | 8.91% | 590.10 |
| 2017-11-19 | EOS | LSK | NEO | 27.94% | -21.76% | -3.96% | 0.54% | 593.28 |
| 2017-11-26 | BTG | BCH | DASH | -10.66% | -8.03% | 22.55% | 1.09% | 599.73 |
| 2017-12-03 | ADA | MIOTA | XLM | -15.95% | 106.76% | 29.80% | 40.00% | 839.64 |
| 2017-12-10 | MIOTA | PPT | LTC | -7.98% | 71.89% | 110.32% | 57.88% | 1,325.60 |
| 2017-12-17 | TRX | ADA | XRP | 1.43% | -21.61% | 44.39% | 7.87% | 1,429.92 |
| 2017-12-24 | XVG | QTUM | BCH | -5.44% | 19.01% | -9.87% | 1.03% | 1,444.70 |
| 2017-12-31 | XRP | ADA | XLM | 48.45% | 39.79% | 84.17% | 57.27% | 2,272.07 |
| 2018-01-07 | TRX | XEM | ETH | -50.69% | -21.23% | 16.34% | -18.73% | 1,846.59 |
| 2018-01-14 | NEO | ETH | EOS | -16.33% | -22.02% | -16.33% | -18.43% | 1,506.33 |
| 2018-01-21 | | | | 0.00% | 0.00% | 0.00% | -0.20% | 1,506.33 |
| 2018-01-28 | XLM | ETH | NEO | -39.66% | -32.20% | -30.29% | -34.25% | 990.41 |

■ 듀얼 모멘텀 전략에 따른 수익률(2015.10.18~2018.1.28)    (단위: %)

위 차트에서 보듯, 이 전략을 약 2년간 실행했다면 약 1,000배를 벌 수 있었다! 추세추종, 역시 통하나 보다!

그런데 왜 2년간의 모든 주간 수익을 저렇게 세세히 공개했을까? 저 내용을 알아야 이 전략이 실제로 어떻게 움직이는지 알 수 있기 때문이다.

이 전략을 기계적으로 2년 동안 적용했다면 990배를 벌 수 있었다. 그런데 그 길이 과연 쉬웠을까, 어려웠을까? 이런 것도 판단할 수 있어야 한다. 이 전략을 사용했다면 2016년 7월 10일, 2016년 8월 21일, 2017년 3월 26일 주간(연두색 박스)처럼 1주일 만에 100% 이상 벌 수 있는 주간도 있었다. 한 코인이 한 주 만에 400~550% 급등한 덕분이었다!

그런데 계산해 보면 이 전략을 적용했을 때 총 119주 동안 68주만 돈을 벌었고 47주는 돈을 잃었으며 4주는 아예 투자하지 않았다. 결과적으로 돈을 번 주간은 겨우(?) 59%밖에 되지 않은 셈이다. 그러나 돈을 번 주간에는 평균 23.68%를 벌었고, 돈을 잃은 주간에는 평균 11.02%만 잃었다. 따라서 평균 수익이 평균 손실보다 2.15배 정도 더 크기 때문에 2년 만에 자산이 990배로 늘어난 것이다.

또한 일주일 만에 10%나 잃은 주간이 22주나 되고, 2016년 3월 13일, 2017년 5월 21일, 2018년 1월 28일 주간(빨간색 박스)에는 한 주 만에 30% 이상 잃었다. 그리고 2016년 4월 3일, 2016년 11월 6일, 2017년 7월 23일 주간에는 한 주 만에 20% 이상 잃었다!

게다가 이 전략이 한 주 이상 안 통하는 구간도 자주 나오는데, 예를 들면 2016년 3월 13일부터 5월 29일까지 겨우 두 달 동안 69%나 잃었다. 2017년 6월 4일부터 2017년 7월 30일까지 65% 손실을 본 구간도 있었으며, 상승장이 끝날 무렵인 2017년 12월 31일부터 한 달 만에 56% 손실이 발생하기도 했다. 차트를 보면 전반적으로 2016년 3~6월 구간, 2016년 8월~2017년 1월 구간, 2017년 5~10월 구간, 2017년 12월~2018년 1월 구간이 별로 좋지 않았음을 알 수 있다.

따라서 이 전략을 사용해도 절대로 쉽게 돈을 벌 수는 없으며, 매우 많은 고통스러운 구간을 극복해야만 비로소 보상을 얻을 수 있다. 누가 투자를 '불로소득'이라고 했는가! 좋은 전략인 것은 확실한데 정말 살벌하다! 이를 통계로 요약해 보면 다음과 같다.

■ 듀얼 모멘텀 전략 통계(2015.10~2018.1)

| 지표 | 수치 |
|---|---|
| 총 수익 | 98,941% |
| 최고 주간 수익 | 183.82% |
| 최저 주간 수익 | −37.20% |
| MDD | −68.65% |
| 주간 변동성 | 31.1% |
| 주간 승률 | 59.15% |
| 돈 번 주간 평균 수익(A) | 23.68% |
| 돈 잃은 주간 평균 손실(B) | −11.02% |
| 손익비(A/B) | 2.15 |

그 후 2018년에 매우 긴 하락장이 왔고, 두 번째로 듀얼 모멘텀 전략을 쓸 수 있는 기회는 2019년에 찾아왔다.

■ 듀얼 모멘텀 전략에 따른 보유 코인 및 주간 수익률(2019.3.10~2019.9.15)

| 날짜 | 코인 1 | 코인 2 | 코인 3 | 코인 1 수익률 | 코인 2 수익률 | 코인 3 수익률 | 포트 폴리오 수익률 | 자산 |
|---|---|---|---|---|---|---|---|---|
| 2019-03-10 | | | | | | | | 1.00 |
| 2019-03-17 | BCH | DASH | ADA | 3.51% | -1.63% | 21.58% | 7.62% | 1.08 |
| 2019-03-24 | ADA | BNB | BCH | 14.96% | 1.63% | 2.00% | 6.00% | 1.14 |
| 2019-03-31 | EOS | ADA | DASH | 30.63% | 28.82% | 24.02% | 27.62% | 1.46 |
| 2019-04-07 | BCH | ETC | LTC | -9.72% | -15.33% | -10.46% | -12.04% | 1.28 |
| 2019-04-14 | BNB | | | 23.23% | 0.00% | 0.00% | 7.54% | 1.38 |
| 2019-04-21 | BNB | XTZ | BTC | -4.20% | -11.29% | -0.10% | -5.40% | 1.30 |
| 2019-04-28 | | | | 0.00% | 0.00% | 0.00% | 0.00% | 1.30 |
| 2019-05-05 | BCH | BTC | LTC | 21.67% | 21.25% | 12.45% | 18.26% | 1.54 |
| 2019-05-12 | BTC | ETH | BCH | 16.71% | 38.87% | 19.13% | 24.70% | 1.92 |
| 2019-05-19 | XTZ | XLM | IOTA | -6.11% | -4.23% | -0.80% | -3.91% | 1.85 |
| 2019-05-26 | BSV | LTC | BNB | 80.65% | 4.56% | -3.55% | 27.02% | 2.35 |
| 2019-06-02 | BSV | ATOM | TRX | -9.48% | -5.79% | -20.54% | -12.14% | 2.06 |
| 2019-06-09 | LTC | | | 19.27% | 0.00% | 0.00% | 6.22% | 2.19 |
| 2019-06-16 | LTC | BTC | ETH | 0.34% | 19.53% | 14.06% | 11.11% | 2.43 |
| 2019-06-23 | BTC | XLM | BNB | -0.04% | -18.39% | -12.41% | -10.48% | 2.18 |
| 2019-06-30 | | | | 0.00% | 0.00% | 0.00% | 0.00% | 2.18 |
| 2019-07-07 | XMR | TRX | BTC | -18.36% | -27.47% | -10.46% | -18.96% | 1.76 |
| 2019-07-14 | | | | 0.00% | 0.00% | 0.00% | 0.00% | 1.76 |
| 2019-07-21 | BSV | TRX | LTC | -13.86% | -22.46% | -9.25% | -15.39% | 1.49 |
| 2019-07-28 | | | | 0.00% | 0.00% | 0.00% | 0.00% | 1.49 |
| 2019-08-04 | XTZ | BTC | XMR | -5.67% | 3.20% | 3.44% | 0.12% | 1.49 |
| 2019-08-11 | BNB | XMR | BTC | -7.45% | -4.02% | -9.63% | -7.23% | 1.39 |
| 2019-08-18 | | | | 0.00% | 0.00% | 0.00% | 0.00% | 1.39 |
| 2019-08-25 | | | | 0.00% | 0.00% | 0.00% | 0.00% | 1.39 |

| 날짜 | 코인1 | 코인2 | 코인3 | 코인1 수익률 | 코인2 수익률 | 코인3 수익률 | 포트 폴리오 수익률 | 자산 |
|---|---|---|---|---|---|---|---|---|
| 2019-09-01 | | | | 0.00% | 0.00% | 0.00% | 0.00% | 1.39 |
| 2019-09-08 | EOS | XMR | BCH | 9.42% | -2.03% | -0.30% | 2.16% | 1.42 |
| 2019-09-15 | EOS | ETH | DASH | -5.96% | 10.38% | 2.15% | 1.99% | 1.44 |

■ 듀얼 모멘텀 전략에 따른 수익률(2019.3.10~2019.9.15)　　　　　(단위: %)

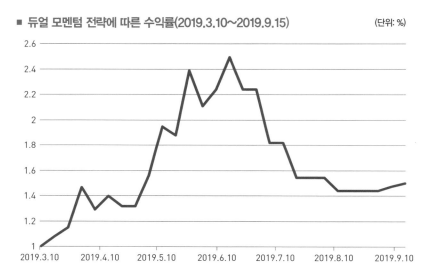

■ 코인 듀얼모멘텀 전략 통계(2019.3.10~2019.9.15)

| 지표 | 수치 |
|---|---|
| 총 수익 | 44% |
| 최고 주간 수익 | 27.62% |
| 최저 주간 수익 | -18.96% |
| MDD | -42.99% |
| 주간 변동성 | 12.0% |
| 주간 승률 | 60% |
| 돈 번 주간 평균 수익(A) | 11.70% |

| | |
|---|---|
| 돈 잃은 주간 평균 손실(B) | −10.69% |
| 손익비(A/B) | 1.09 |

2019년 상승장은 2015~2017년 상승장보다 훨씬 짧아서 큰 수익은 없었다. 그래도 6개월 동안 44%를 벌었으니 나쁘지는 않았다. 이 전략을 적용하자마자 3개월 만에 143%를 벌었다가 그 후 3개월 동안 계속 잃는 바람에 수익률이 44%까지 떨어졌으니 매우 안타깝긴 하다. 이 시기에 투자한 투자자라면 아마 매우 많은 스트레스를 받았을 것이다. 주간 변동성이 2015~2017년보다 확실히 줄어들긴 했지만 12%면 주식시장의 10배 이상이다. 그래서 이번에도 겨우 6개월간 투자하면서 1주일 만에 10% 이상 잃은 사례가 다섯 번이나 나왔다.

그 후 코로나가 끝나고 큰 상승장이 왔다.

■ 듀얼 모멘텀 전략에 따른 보유 코인 및 주간 수익률(2020.4.26~2021.5.9)

| 날짜 | 코인 1 | 코인 2 | 코인 3 | 코인 1 수익률 | 코인 2 수익률 | 코인 3 수익률 | 포트 폴리오 수익률 | 자산 |
|---|---|---|---|---|---|---|---|---|
| 2020−04−26 | | | | | | | | 1 |
| 2020−05−03 | BTC | XRP | XLM | −0.81% | −8.85% | −10.75% | −7.00% | 0.93 |
| 2020−05−10 | LINK | LEO | CRO | 0.70% | −1.38% | 6.07% | 1.60% | 0.94 |
| 2020−05−17 | BTC | XLM | ETH | −10.17% | −7.70% | −3.75% | −7.41% | 0.87 |
| 2020−05−24 | CRO | LEO | | 14.47% | 4.14% | 0.00% | 6.00% | 0.93 |
| 2020−05−31 | ADA | CRO | ETH | 11.29% | 26.49% | 4.18% | 13.79% | 1.06 |
| 2020−06−07 | CRO | ADA | BCH | 4.12% | −10.66% | −5.74% | −4.29% | 1.01 |
| 2020−06−14 | CRO | ACA | | 7.25% | −0.18% | 0.00% | 2.16% | 1.03 |
| 2020−06−21 | CRO | ADA | LINK | −0.20% | 1.24% | 7.87% | 2.77% | 1.06 |

| 날짜 | 코인 1 | 코인 2 | 코인 3 | 코인 1 수익률 | 코인 2 수익률 | 코인 3 수익률 | 포트 폴리오 수익률 | 자산 |
|---|---|---|---|---|---|---|---|---|
| 2020-06-28 | LINK | | | 3.60% | 0.00% | 0.00% | 1.00% | 1.07 |
| 2020-07-05 | ADA | CRO | XLM | 29.98% | 10.79% | 42.28% | 27.48% | 1.37 |
| 2020-07-12 | LINK | XLM | ADA | 8.70% | 7.25% | -2.55% | 4.27% | 1.42 |
| 2020-07-19 | LINK | XTZ | XLM | -6.41% | 1.09% | -0.67% | -2.20% | 1.39 |
| 2020-07-26 | ETH | ADA | LTC | 17.65% | -8.13% | 17.15% | 8.69% | 1.51 |
| 2020-08-02 | XRP | ETH | BCH | 0.97% | 3.23% | 4.43% | 2.68% | 1.55 |
| 2020-08-09 | LINK | XTZ | XMR | 36.52% | 14.40% | -2.47% | 15.95% | 1.80 |
| 2020-08-16 | LINK | TRX | EOS | -19.98% | -11.75% | -13.60% | -15.31% | 1.53 |
| 2020-08-23 | ATOM | CRO | | -5.58% | 4.15% | 0.00% | -0.68% | 1.52 |
| 2020-08-30 | ETH | LINK | TRX | -16.94% | -23.10% | 16.21% | -8.14% | 1.39 |
| 2020-09-06 | TRX | | | -2.84% | 0.00% | 0.00% | -1.15% | 1.38 |
| 2020-09-13 | BNB | DOT | XMR | -12.72% | -9.01% | 6.98% | -5.12% | 1.31 |
| 2020-09-20 | BTC | NEO | XMR | -1.49% | -10.68% | 4.09% | -2.89% | 1.27 |
| 2020-09-27 | LINK | ADA | BSV | -12.67% | -4.88% | -4.54% | -7.56% | 1.17 |
| 2020-10-04 | BNB | XRP | XMR | -1.34% | 3.24% | 19.29% | 6.86% | 1.25 |
| 2020-10-11 | XMR | LINK | ADA | -1.82% | 0.31% | 0.80% | -0.44% | 1.25 |
| 2020-10-18 | BNB | BCH | BTC | -1.80% | 8.51% | 13.48% | 6.53% | 1.33 |
| 2020-10-25 | LTC | BTC | BSV | -5.26% | 5.42% | -9.01% | -3.15% | 1.29 |
| 2020-11-01 | BTC | | | 12.68% | 0.00% | 0.00% | 4.03% | 1.34 |
| 2020-11-08 | BTC | ETH | LTC | 3.08% | -1.32% | 2.01% | 1.06% | 1.35 |
| 2020-11-15 | XRP | BTC | WBTC | 64.55% | 15.13% | 15.80% | 31.63% | 1.78 |
| 2020-11-22 | XRP | ADA | LTC | 36.63% | 15.11% | -4.19% | 15.65% | 2.06 |
| 2020-11-29 | XLM | XRP | ADA | -9.57% | 2.24% | -4.66% | -4.20% | 1.97 |
| 2020-12-06 | XEM | BTC | BSV | 1.52% | -1.05% | -5.58% | -1.90% | 1.93 |
| 2020-12-13 | XMR | XEM | | 0.39% | 14.43% | 0.00% | 4.74% | 2.03 |
| 2020-12-20 | LTC | BCH | BTC | 11.21% | -2.87% | 11.91% | 6.55% | 2.16 |

| 날짜 | 코인 1 | 코인 2 | 코인 3 | 코인 1 수익률 | 코인 2 수익률 | 코인 3 수익률 | 포트 폴리오 수익률 | 자산 |
|---|---|---|---|---|---|---|---|---|
| 2020-12-27 | BTC | LTC | WBTC | 24.78% | 25.62% | 25.80% | 25.20% | 2.70 |
| 2021-01-03 | DOT | ETH | ADA | -7.26% | 29.39% | 48.73% | 23.42% | 3.34 |
| 2021-01-10 | XLM | ADA | BSV | 5.13% | 24.58% | -21.52% | 2.53% | 3.42 |
| 2021-01-17 | DOT | ADA | LINK | 5.98% | -6.84% | 6.63% | 1.72% | 3.48 |
| 2021-01-24 | UNI | AAVE | ETH | 46.65% | 13.30% | -5.51% | 17.95% | 4.10 |
| 2021-01-31 | DOGE | XRP | UNI | 111.80% | -15.10% | 5.78% | 33.96% | 5.50 |
| 2021-02-07 | DOGE | ADA | BNB | -20.62% | 27.92% | 98.90% | 35.20% | 7.43 |
| 2021-02-14 | BNB | BCH | XRP | 115.44% | -2.27% | -7.68% | 34.96% | 10.03 |
| 2021-02-21 | BNB | DOT | XEM | -28.70% | -15.34% | 6.64% | -12.67% | 8.76 |
| 2021-02-28 | ADA | XEM | | -13.36% | 17.22% | 0.00% | 1.09% | 8.86 |
| 2021-03-07 | UNI | ETH | LINK | -10.16% | 7.63% | 0.84% | -0.76% | 8.79 |
| 2021-03-14 | THETA | LUNA | BTC | 29.93% | 38.47% | -3.00% | 21.60% | 10.69 |
| 2021-03-21 | LUNA | THETA | XRP | -15.45% | 34.80% | 5.95% | 8.23% | 11.57 |
| 2021-03-28 | FIL | THETA | KLAY | 46.50% | -7.87% | 2.58% | 13.54% | 13.13 |
| 2021-04-04 | BTT | TRX | FIL | -20.84% | -5.43% | -2.50% | -9.79% | 11.85 |
| 2021-04-11 | XRP | BNB | VET | 3.34% | -8.44% | 82.22% | 25.51% | 14.87 |
| 2021-04-18 | DOGE | VET | BCH | -21.64% | -34.11% | -21.54% | -25.96% | 11.01 |
| 2021-04-25 | SOL | UNI | BNB | -1.01% | 24.90% | 23.17% | 15.49% | 12.71 |
| 2021-05-02 | XRP | DOGE | XLM | -1.75% | 51.60% | 12.35% | 20.53% | 15.32 |
| 2021-05-09 | ETC | DOGE | BCH | -20.09% | -9.68% | -18.19% | -16.19% | 12.84 |

■ 듀얼 모멘텀 전략에 따른 수익률(2020.4.26~2021.5.9)　　　　(단위: %)

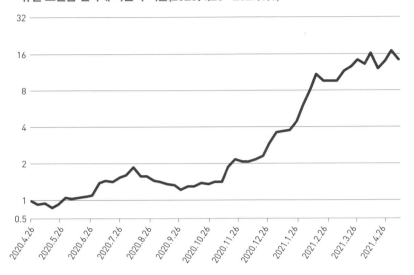

■ 듀얼 모멘텀 전략 통계(2020.4.26~2021.5.9)

| 지표 | 수치 |
| --- | --- |
| 총 수익 | 1,184% |
| 최고 주간 수익 | 35.20% |
| 최저 주간 수익 | −25.96% |
| MDD | −34.95% |
| 주간 변동성 | 13.68% |
| 주간 승률 | 62.9% |
| 돈 번 주간 평균 수익(A) | 13.07% |
| 돈 잃은 주간 평균 손실(B) | −6.84% |
| 손익비(A/B) | 1.91 |

2020~2021년 상승장에서는 이 전략으로 1,000배까지는 아니지만 12배 이상 벌었다. 주간에 10% 손실 보는 구간도 있었고, 2020년 7~10월 구간에는 수익이 별로 좋지 않았지만 MDD도 34.95%밖에(?) 안 되고 승률, 손익비도 꽤 준수했다.

2021년 5월 암호화폐가 일제히 하락하면서 3차 반감기 상승장이 끝나는가 싶었는데, 몇 달 후 마지막 기회가 찾아왔다.

■ 듀얼 모멘텀 전략에 따른 보유 코인 및 주간 수익률(2021.8.1~2021.12.5)

| 날짜 | 코인 1 | 코인 2 | 코인 3 | 코인 1 수익률 | 코인 2 수익률 | 코인 3 수익률 | 포트 폴리오 수익률 | 자산 |
|---|---|---|---|---|---|---|---|---|
| 2021-08-01 | | | | | | | | 1.00 |
| 2021-08-08 | UNI | DOGE | ETH | 13.21% | 42.24% | 9.85% | 21.57% | 1.22 |
| 2021-08-15 | XRP | ADA | DOGE | -4.69% | 25.11% | -7.75% | 4.02% | 1.26 |
| 2021-08-22 | LUNA | SOL | ADA | 18.90% | 29.76% | 5.24% | 17.77% | 1.49 |
| 2021-08-29 | SOL | LUNA | BNB | 50.39% | 3.47% | 5.07% | 19.44% | 1.78 |
| 2021-09-05 | SOL | DOT | LTC | 22.85% | 3.97% | -20.79% | 1.81% | 1.81 |
| 2021-09-12 | ALGO | AVAX | SOL | -17.06% | 18.25% | -12.62% | -4.01% | 1.74 |
| 2021-09-19 | AVAX | BTC | | -4.59% | -8.57% | 0.00% | -4.59% | 1.66 |
| 2021-09-26 | LUNA | | | 23.37% | 0.00% | 0.00% | 7.59% | 1.78 |
| 2021-10-03 | BNB | SOL | LUNA | -5.91% | -14.22% | -7.88% | -9.54% | 1.61 |
| 2021-10-10 | BTC | XRP | DOT | 12.38% | -3.95% | 22.07% | 9.97% | 1.78 |
| 2021-10-17 | DOT | BTC | ETH | 0.74% | -1.01% | 6.26% | 1.80% | 1.81 |
| 2021-10-24 | SHIB | SOL | DOGE | 87.71% | 0.03% | 1.15% | 29.43% | 2.34 |
| 2021-10-31 | SHIB | BNB | ETH | -15.39% | 24.05% | 7.75% | 5.27% | 2.46 |
| 2021-11-07 | AVAX | BNB | SOL | 8.78% | 0.07% | -4.56% | 1.23% | 2.49 |
| 2021-11-14 | LTC | AVAX | BTC | -20.23% | 34.80% | -10.29% | 1.23% | 2.52 |

| 날짜 | 코인 1 | 코인 2 | 코인 3 | 코인 1<br>수익률 | 코인 2<br>수익률 | 코인 3<br>수익률 | 포트<br>폴리오<br>수익률 | 자산 |
|---|---|---|---|---|---|---|---|---|
| 2021-11-21 | CRO | AVAX | | 3.36% | -14.01% | 0.00% | -3.75% | 2.43 |
| 2021-11-28 | BNB | LUNA | CRO | -8.76% | 35.95% | -25.20% | 0.46% | 2.44 |
| 2021-12-05 | LUNA | MATIC | | -9.08% | 2.02% | | -3.73% | 2.35 |

■ 듀얼 모멘텀 전략에 따른 수익률(2021.8.1~2021.12.5)　　　　　　(단위: %)

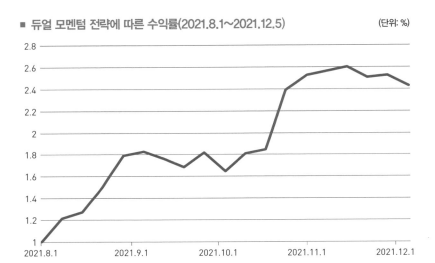

■ 듀얼 모멘텀 전략 통계(2021.8.1~2021.12.5)

| 지표 | 수치 |
|---|---|
| 총 수익 | 134% |
| 최고 주간 수익 | 29.43% |
| 최저 주간 수익 | -9.54% |
| MDD | -10.86% |
| 주간 변동성 | 10.52% |
| 주간 승률 | 72.22% |
| 돈 번 주간 평균 수익(A) | 9.35% |

| | |
|---|---|
| 돈 잃은 주간 평균 손실(B) | −5.32% |
| 손익비(A/B) | 1.83 |

이 상승장도 짧긴 했지만 모멘텀이 강해서 투자자에게는 꽤 괜찮은 장이었다. 4개월 만에 134%를 벌 수 있었고, 주간 MDD가 겨우 10.86%였으니까 말이다! 그 후 2022년 매서운 하락장이 와서 이 전략은 중단해야 했으며, 2023년 다시 부활했다.

2023년에 이 전략으로 어느 정도 수익을 냈는지 살펴보자.

■ 듀얼 모멘텀 전략에 따른 보유 코인 및 주간 수익률(2023.1.8~2023.12.24)

| 날짜 | 코인 1 | 코인 2 | 코인 3 | 코인 1 수익률 | 코인 2 수익률 | 코인 3 수익률 | 포트 폴리오 수익률 | 자산 |
|---|---|---|---|---|---|---|---|---|
| 2023-01-08 | | | | | | | | 1.00 |
| 2023-01-15 | SOL | DOT | BTC | 5.94% | 4.68% | 8.81% | 6.28% | 1.06 |
| 2023-01-22 | SHIB | BTC | ADA | 0.68% | 4.64% | 5.24% | 3.32% | 1.10 |
| 2023-01-29 | AVAX | MATIC | ADA | −4.61% | 2.26% | −0.97% | −1.31% | 1.09 |
| 2023-02-05 | SHIB | BNB | MATIC | −10.63% | −4.56% | 2.82% | −4.32% | 1.05 |
| 2023-02-12 | MATIC | | | 19.38% | 0.00% | 0.00% | 6.26% | 1.11 |
| 2023-02-19 | MATIC | DOT | SOL | −13.35% | −10.13% | −6.38% | −10.15% | 1.00 |
| 2023-02-26 | | | | 0.00% | 0.00% | 0.00% | 0.00% | 1.00 |
| 2023-03-05 | | | | 0.00% | 0.00% | 0.00% | 0.00% | 1.00 |
| 2023-03-12 | MATIC | XRP | ETH | 1.03% | 4.06% | 12.28% | 5.59% | 1.06 |
| 2023-03-19 | BTC | ETH | LTC | −0.16% | −0.55% | 10.76% | 3.15% | 1.10 |
| 2023-03-26 | XRP | LTC | DOGE | 15.63% | −0.54% | 6.28% | 6.92% | 1.17 |
| 2023-04-02 | XRP | ADA | DOGE | −2.53% | 2.08% | 5.31% | 1.42% | 1.19 |
| 2023-04-09 | DOGE | ETH | ADA | 8.62% | 14.02% | 15.93% | 12.66% | 1.35 |

| 날짜 | 코인 1 | 코인 2 | 코인 3 | 코인 1 수익률 | 코인 2 수익률 | 코인 3 수익률 | 포트폴리오 수익률 | 자산 |
|---|---|---|---|---|---|---|---|---|
| 2023-04-16 | SOL | ETH | ADA | -15.31% | -12.17% | -13.89% | -13.99% | 1.16 |
| 2023-04-23 | | | | 0.00% | 0.00% | 0.00% | 0.00% | 1.16 |
| 2023-04-30 | SOL | BTC | ADA | -4.33% | -2.78% | -5.15% | -4.29% | 1.11 |
| 2023-05-07 | | | | 0.00% | 0.00% | 0.00% | 0.00% | 1.11 |
| 2023-05-14 | | | | 0.00% | 0.00% | 0.00% | 0.00% | 1.11 |
| 2023-05-21 | XRP | TRX | LTC | 5.54% | 3.09% | -0.76% | 2.42% | 1.14 |
| 2023-05-28 | MATIC | ADA | SOL | -5.15% | -1.39% | 4.91% | -0.74% | 1.14 |
| 2023-06-04 | XRP | SOL | TRX | -2.74% | -28.69% | -13.87% | -15.30% | 0.96 |
| 2023-06-11 | X | X | X | 0.00% | 0.00% | 0.00% | 0.00% | 0.96 |
| 2023-06-18 | X | X | X | 0.00% | 0.00% | 0.00% | 0.00% | 0.96 |
| 2023-06-25 | BTC | LTC | DOT | 0.46% | 28.25% | 5.91% | 11.34% | 1.08 |
| 2023-07-02 | LTC | SOL | DOT | -15.93% | 9.74% | -7.68% | -4.82% | 1.03 |
| 2023-07-09 | SOL | TRX | MATIC | 28.27% | 2.95% | 11.53% | 14.05% | 1.17 |
| 2023-07-16 | XRP | SOL | MATIC | -1.09% | -9.56% | -1.31% | -4.19% | 1.13 |
| 2023-07-23 | TRX | DOGE | DOT | -4.00% | 8.69% | -3.92% | 0.06% | 1.13 |
| 2023-07-30 | DOGE | SHIBA | LTC | -4.86% | 13.09% | -12.35% | -1.57% | 1.11 |
| 2023-08-06 | SHIBA | | | 9.43% | 0.00% | 0.00% | 2.94% | 1.15 |
| 2023-08-13 | SHIBA | SOL | MATIC | -18.82% | -10.19% | -14.34% | -14.65% | 0.98 |
| 2023-08-20 | X | X | X | 0.00% | 0.00% | 0.00% | 0.00% | 0.98 |
| 2023-08-27 | X | X | X | 0.00% | 0.00% | 0.00% | 0.00% | 0.98 |
| 2023-09-03 | X | X | X | 0.00% | 0.00% | 0.00% | 0.00% | 0.98 |
| 2023-09-10 | X | X | X | 0.00% | 0.00% | 0.00% | 0.00% | 0.98 |
| 2023-09-17 | X | X | X | 0.00% | 0.00% | 0.00% | 0.00% | 0.98 |
| 2023-09-24 | X | X | X | 0.00% | 0.00% | 0.00% | 0.00% | 0.98 |
| 2023-10-01 | X | X | X | 0.00% | 0.00% | 0.00% | 0.00% | 0.98 |
| 2023-10-08 | X | X | X | 0.00% | 0.00% | 0.00% | 0.00% | 0.98 |

| 날짜 | 코인 1 | 코인 2 | 코인 3 | 코인 1 수익률 | 코인 2 수익률 | 코인 3 수익률 | 포트 폴리오 수익률 | 자산 |
|---|---|---|---|---|---|---|---|---|
| 2023-10-15 | X | X | X | 0.00% | 0.00% | 0.00% | 0.00% | 0.98 |
| 2023-10-22 | LINK | MATIC | SOL | 9.58% | 4.78% | 13.04% | 8.93% | 1.07 |
| 2023-10-29 | BTC | SOL | DOGE | 1.48% | 25.64% | 2.69% | 9.74% | 1.18 |
| 2023-11-05 | SOL | XRP | ADA | 36.17% | 0.06% | 11.82% | 15.82% | 1.37 |
| 2023-11-12 | AVAX | SOL | LINK | 21.30% | 9.33% | -6.64% | 7.80% | 1.48 |
| 2023-11-19 | AVAX | SOL | DOGE | -7.65% | -6.11% | -2.32% | -5.56% | 1.40 |
| 2023-11-26 | TRX | ETH | ADA | -4.35% | 6.32% | 1.80% | 1.06% | 1.41 |
| 2023-12-03 | AVAX | ADA | DOT | 68.76% | 32.36% | 32.36% | 44.29% | 2.04 |
| 2023-12-10 | AVAX | ADA | DOT | 9.68% | -2.33% | -7.48% | -0.24% | 2.04 |
| 2023-12-17 | ICP | AVAX | ATOM | -7.80% | 17.34% | 1.02% | 3.32% | 2.11 |
| 2023-12-24 | SOL | DOT | BNB | | | | 0.00% | |

X로 표시한 구간은 비트코인 가격이 120일 이동평균선 아래로 떨어져서 전략을 중단한 구간이다.

■ 듀얼 모멘텀 전략에 따른 수익률(2023.1.8~2023.12.24)　　　　(단위: %)

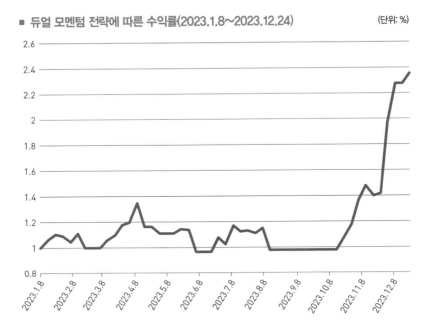

■ 듀얼 모멘텀 전략 통계(2023.1.8~2023.12.24)

| 지표 | 수치 |
|---|---|
| 총 수익 | 111% |
| 최고 주간 수익 | 44.29% |
| 최저 주간 수익 | −15.30% |
| MDD | −28.35% |
| 주간 변동성 | 10.87% |
| 주간 승률 | 60.6% |
| 돈 번 주간 평균 수익(A) | 8.37% |
| 돈 잃은 주간 평균 손실(B) | −6.24% |
| 손익비(A/B) | 1.34 |

2023년에는 1월부터 10월까지 수익이 거의 없었다. 그래도 11~12월 두 달간 이 전략으로 111%를 벌었다. 이렇게 몇 달간 돈을 거의 못 벌고 계속 손절만 하다가, 갑자기 추세가 왔을 때 화끈하게 큰돈을 버는 패턴은 추세추종 전략의 특징이기도 하다! 그러나 10개월이나 돈을 못 벌면서도 기계적으로 최근 잘 나간 코인을 체크하며 매주 매수, 매도를 하는 것은 결코 쉬운 일이 아니다. 게다가 주간 승률이 60.6%라면 10주 동안 6주는 돈을 벌었지만 4주는 잃었다는 뜻이 아닌가! 그러니 이런 고통스러운 과정을 버틸 자신이 없다면 그냥 장기투자 전략을 쓰는 게 낫다.

전체 구간의 통계와 그래프를 보면 어떨까? 2015~2017년 구간을 포함한 통계, 그 구간을 뺀(다시 이런 황금장이 다시 오기는 어려우니까) 통계를 각각 계산해 보았다.

■ 듀얼 모멘텀 전략에 따른 수익률(2015.10.18~2023.12.31) (단위: %)

■ 듀얼 모멘텀 전략에 따른 수익률(2019.3.10~2023.12.31)

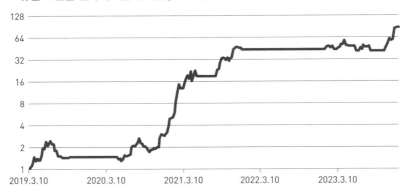

위 차트들에서 보면 그래프가 전혀 움직이지 않는 구간이 꽤 많은데(2018년 대부분, 2019년 일부, 2022년 대부분), 이 구간은 비트코인 가격이 120일 이동평균선보다 낮아서 투자하지 않은 구간이다.

■ 듀얼 모멘텀 전략 통계(2015.10.18~2023.12.31)

| 지표 | 수치 |
| --- | --- |
| 총 수익 | 8,552,907% |
| 연 복리 수익 | 302.2% |
| 최고 주간 수익 | 183.82% |
| 최저 주간 수익 | −37.20% |
| MDD | −68.65% |
| 주간 변동성 | 18.11% |
| 주간 승률 | 61.25% |
| 돈 번 주간 평균 수익(A) | 16.90% |
| 돈 잃은 주간 평균 손실(B) | −9.11% |
| 손익비(A/B) | 1.86 |

■ 코인 듀얼모멘텀 전략 통계(2015.10.18~2019.3.10)

| 지표 | 수치 |
|---|---|
| 총 수익 | 98,941% |
| 연 복리 수익 | 651.56% |
| 최고 주간 수익 | 183.82% |
| 최저 주간 수익 | −37.20% |
| MDD | −68.65% |
| 주간 변동성 | 25.88% |
| 주간 승률 | 59.15% |
| 돈 번 주간 평균 수익(A) | 23.68% |
| 돈 잃은 주간 평균 손실(B) | −11.02% |
| 손익비(A/B) | 2.15 |

■ 듀얼 모멘텀 전략 통계(2019.3.10~2023.12.31)

| 지표 | 수치 |
|---|---|
| 총 수익 | 8,535% |
| 연 복리 수익 | 155.6% |
| 최고 주간 수익 | 44.29% |
| 최저 주간 수익 | −25.96% |
| MDD | −48.03% |
| 주간 변동성 | 9.13% |
| 주간 승률 | 63.2% |
| 돈 번 주간 평균 수익(A) | 11.06% |
| 돈 잃은 주간 평균 손실(B) | −7.15% |
| 손익비(A/B) | 1.55 |

이 전략을 2015년부터 꾸준히 실행했다면 원금을 8만 5,529배로 불

릴 수 있었다(연 복리 수익률 302%)! 물론 MDD 68%와 10주간 6주만 벌고 4주는 잃는 스트레스를 8년 동안 감수해야 했고, 몇 달 동안 수익이 없는 구간도 계속 나왔지만 말이다.

그런데 사실 2015~2017년은 암호화폐가 처음으로 대중의 관심을 받으며 비정상적으로 높은 수익을 낸 구간이었다. 그 구간을 제외한 2019년 상승장부터 통계를 살펴보면, 듀얼 모멘텀 전략의 수익률은 확실히 좀 낮아졌지만(연 복리 수익률이 겨우 155%로 하락) 그래도 그대로 따라 하기만 했다면 원금을 86배로 불릴 수 있었다. 게다가 주간 변동성과 MDD가 조금 줄어들어서 2015~2017년보다는 스트레스가 다소 적었다. 승률은 63%로 2015~2017년보다 오히려 조금 더 높아졌다(대신 2015~2017년은 손익비가 더 높았다).

듀얼 모멘텀! 암호화폐 하락기에는 시장을 아예 피하고, 상승장에는 상승추세가 강한 코인에 올라탈 수 있는 꽤 괜찮은 전략이다. 특히 2015~2017년, 2020~2021년, 2023년 같은 강한 상승장을 절대 놓치지 않는다. 이때는 비트코인 가격이 무조건 120일 이동평균선보다 높고, 비트코인보다 단기적으로 훨씬 더 많이 오르는 코인이 계속 나오기 때문이다! 그리고 언제 이 전략을 중단해야 할지 예측하기 위해 노력할 필요도 없다. 비트코인 가격이 120일 이동평균선을 하향 돌파하는 날이 바로 이 전략을 중단하고 개점휴업 하는 날이다.

만약 단기 전략을 쓸 거라면 이 듀얼 모멘텀 전략을 추천하고 싶다. 특히 매주 코인 시세를 체크하고 매매를 할 의지가 있는 부지런한 투자자들에게 매우 권할 만하다. 이 전략을 사용하면 2023년에 시작해서

2025년까지 이어질 것으로 예상되는 상승장에서 상당한 부를 거머쥘 가능성이 크다.

참고로 이 전략은 '최근 1주일 동안 가장 많이 오른 코인을 1주일 보유'하는 전략인데, 서브 전략으로 다음과 같은 전략도 있다.

① **최근 2주일 동안 가장 많이 오른 코인을 1주일 보유**
② **최근 4주일 동안 가장 많이 오른 코인을 1주일 보유**

이 두 전략도 유력할 것으로 보인다. 대부분의 코인 논문들이 이 방식도 꽤 훌륭하다고 추천했기 때문이다.

## 리스크 관리의 중요성

●

듀얼 모멘텀 전략은 내가 생각한 것보다도 더 훌륭하다. 하지만 대부분의 인간이 버티기 힘든 전략이기도 하다. 변동성은 물론이고 MDD도 너무 높기 때문이다!

여러분의 자산이 1억 원이라고 하자. 내가 최근 4년간 듀얼 모멘텀 전략으로 86배를 벌었다는 말을 듣고 큰 꿈에 부풀어 코인시장에 들어갔는데, 당장 첫 두 달 동안 40% 손실을 보고 4,000만 원을 날릴 수도 있다. 이때 과연 잠이 올까? 이 전략을 끈기 있게 지속할 수 있을까? 게다가 만약 비트코인 가격이 120일 이동평균선 밑으로 떨어진다면? "하하, 겨우 4,000만 원

인데 뭘. 몇 달만 기다리자. 그럼 비트코인 가격이 120일 이동
평균선 위로 올라오겠지?"라고 말할 수 있는 사람이 몇이나 될
까? 뭘 해도 망하는 하락장에서 이거 사고 저거 팔다가 패가망
신하는 그림이 머릿속에 너무나도 생생하게 그려진다.

그리고 이 전략을 자세히 살펴보면 수익이 안 나는 구간이 생
각보다 많다. 원래 주간별로 투자하는데 평균적으로 10주 중 6
주는 수익을 얻고 4주는 잃는 전략이다. 게다가 평균적으로 그
렇다는 것이지 어떤 구간에서는 6개월, 즉 24주 동안 15주 이
상 잃을 수도 있다.

다시 한번 강조하는데 대부분의 투자자는 MDD가 10%를 넘어
가면 못 버틴다. 그렇다면 어떻게 해야 MDD를 낮출 수 있을
까? 9장에 답이 있다. 아래에서 9장의 내용을 복습해 보자.


**코인 투자 비중을 낮춘다!**

듀얼 모멘텀 전략의 MDD는 이미 배운 것처럼 최대 약 70%다.
MDD를 10%로 낮추고 싶은데 내 전략의 MDD가 70%라면, 총
자산의 14.28%만 투입하면 된다. 내 총 자산이 1억 원이라고
하자. MDD가 70%인 전략에 따라 1,428만 원을 투자하고 실
제로 70% 하락하면 1,000만 원을 잃게 되는데, 이는 자산 대비
10% 손실이다.

MDD도 중요하지만, '잃어도 감당할 수 있는 최대 금액'을 더
중요시하는 사람도 있다. 같은 10% 손실이라도 자산이 100만

원인 투자자의 손실은 10만 원이고 100억 원인 투자자의 손실은 10억 원이다. 10억 원을 잃고서 "겨우 자산의 10%인데 뭐"라고 쿨하게 받아들이는 부자는 내가 본 사람 중에는 아직까지 없었다.

만약 '잃어도 감당할 수 있는 최대 금액'이 3,000만 원인데, 전략의 MDD가 70%라면 3,000만 원/0.7 = 약 4,285만 원만 투자하면 된다. 그러면 70%를 잃어도 손실은 3,000만 원으로 제한된다.

너무 보수적이라고? 그렇다. 그러나 더 큰 금액을 투자해서 MDD가 높아지면 멘탈이 못 견디고 결국 모든 것을 잃게 된다. 그보다는 '작은 수익'을 얻는 편이 훨씬 낫지 않을까? 투자에서 가장 중요한 것은 다음의 세 가지 순서임을 절대로 잊지 말자.

1. 생존
2. 안전한 수익
3. 큰 수익

BITCOIN

# 12

---

## 듀얼 모멘텀 전략의
## 실행

# 듀얼 모멘텀 전략을 가장 쉽게 실행하는 방법

내가 굳이 '최근 1주일 동안 가장 많이 오른 코인'을 추천하는 데는 이유가 있다. 그렇게 전략을 짜야 실전에서 투자하기가 가장 쉽기 때문이다. 지금부터 이 전략을 실행하는 가장 쉬운 방법을 소개한다.

코인마켓캡coinmarketcap.com이라는 사이트에 가면 메인 화면에 시가총액 100대 코인의 가격, 한 시간·24시간·7일 수익률, 시가총액, 거래량, 발행 코인 수, 7일 차트 등을 볼 수 있다. 참고로 내가 설명하는 기준일자는 2023년 12월 31일이므로, 여러분이 들어가는 시점에는 코인의 순위, 시가총액 등이 다를 가능성이 높다.

■ 코인마켓캡 메인 화면

출처: 코인마켓캡.

우리는 상위 20개 코인만 필요하니까 밑으로 스크롤해 보자.

| | | | | | | | | |
|---|---|---|---|---|---|---|---|---|
| ☆ | 19 | Dai DAI | $0.9998 | ▲0.01% | ▲0.01% | ▼0.02% | $5,347,023,710 |
| ☆ | 20 | Internet Computer ICP | $11.01 | ▲5.78% | ▲15.02% | ▲21.07% | $4,999,474,362 |
| ☆ | 21 | Uniswap UNI | $7.42 | ▲0.03% | ▼3.55% | ▲19.75% | $4,438,372,303 |

▲ 상위 20위 코인 시가총액을 확인한다.

상위 20위 코인의 시가총액은 49.99억 달러다. 이제 오른쪽 상단의 'Filter(필터)'를 클릭한다. 그러면 왼쪽에 'Add Filter(필터 추가)'가 뜬다.

▲ Filter→Add Filter 순으로 클릭한다.

필터 창이 뜨면 'Market Cap(시가총액)'에 들어가서 먼저 >$10B(시가총액 100억 달러 이상 코인)을 클릭하고 100을 48로 고친다(상위 20개 코인이 목표이므로).

▲ Market Cap→>$10B 순으로 클릭하고 금액을 수정한다.

그런 다음 'Apply Filter(필터 적용)'을 누르면 내가 원하던 상위 20개 코인 외에 이상한(?) 코인들이 나타난다. 딱 봐도 코인이 아니고 뭔가 파생상품 비슷한 느낌이 든다. Wrapped, Lido, 이런 코인들은 일단 무시하자.

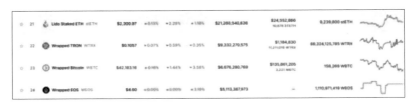

▲ 4개가 더 나오지만 무시한다.

다시 위로 스크롤해서 7d%(최근 7일 수익률)를 클릭하면 높은 순으로 쭉 정리된다(이래서 내가 '최근 7일 동안 가장 많이 오른 코인 매수 전략'을 추천한 것이다. 찾기 쉬우니까!).

▲ 필터링한 코인을 7일간 수익률 순으로 정렬한다.

2023년 12월 31일 기준으로 최근 7일 동안 인터넷컴퓨터코인(ICP), 비트코인(BCH), 바이낸스코인(BNB)이 각각 22.17%, 19.49%, 17.86% 올랐다. 이 코인들을 사서 1주일 동안 보유하고, 7일 후인 1월 7일 이 방법을 반복하면 된다.

- 만약 7일 수익률 상위권에 앞에서 말한 이상한(?) 네 코인들이 나타난다면? 그래도 그 코인들은 사지 마라.
- 바이낸스코인은 내가 알기로는 업비트에 상장되어 있지 않다. 이렇게 내가 살 수 없는 코인이 있다면, 그냥 최근 7일간 네 번째로 많이 상승한 코인을 사라 (2023.12.31 기준 MATIC(폴리곤)이 최근 7일간 13.03%로 네 번째로 많이 상승).

이 과정을 매주 되풀이한다. 언제 하느냐고? 각자 매주 편하게 코인을 거래할 수 있는 시간을 정하면 된다(예: 토요일 오전 10시). 정말 간단하다.

비트코인 가격이 이동평균선보다 높은지, 낮은지 여부를 확인한다. → 지금이 상승추세인지, 하락추세인지 확인한다. → 그 주간에 수익률이 가장 많이 오른 코인을 구매한다.

이 전략, 정말 심플하지 않은가? 각자 자기만의 주중 투자 루틴을 만들고 그냥 매주 실행하면 돈을 벌 수 있다!

## 듀얼 모멘텀 전략 - Dr. Ka에게서 얻은 영감

이 책의 원고를 출판사에 넘긴 뒤 직접 내 계좌에서 나는 듀얼 모멘텀 전략을 실행했다. 그런데 이럴 수가! 5만 달러로 시작했는데 4주 만에 1만 달러 이상을 잃었다. 매주 깨졌다! 보통 이렇게 손실을 입으면 나는 추가로 연구한다. 이 상황을 어떻게 개선해야 할까? 고민하던 도중 나는 'Dr. Ka'라는 사업가의 초청으로 베트남에 가서 코인 세미나를 개최하고 이 책에 나온 내용을 발표했다.

그 내용을 유심히 듣던 Dr. Ka는 "듀얼 모멘텀 전략이 참 좋은 것 같다. 그런데 당신은 5장에서 알트코인은 상승장 끝무렵에 급격하게 오른다고 했고, 대부분 본격적인 상승장은 반감기 6개월 후쯤 오는 것 같다고 했다. 그렇다면 듀얼 모멘텀 전략을 반감기 6개월 후부터 12개월 정도쯤에 집중해서 적용하는 것이 낮지 않을까?"라는 의견을 제시했다. 생각해 보니 그의 말이 맞았다! 알트코인의 상승추세가 가장 강할 때 그중에서도 가장 강한 코인을 사면 더 쉽게 돈을 벌 수 있을 것 아닌가?

실제로 데이터를 분석해 보니 다음과 같았다.

■ 3차 반감기 상승장 전/후반기 듀얼 모멘텀 전략에 따른 수익률 　(단위: %)

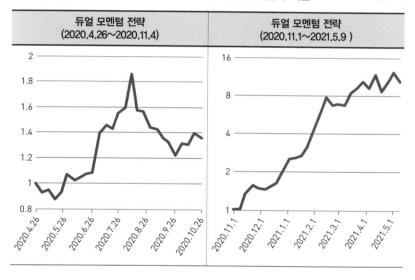

2020년 4월 26일 비트코인은 120일 이동평균선을 돌파했는데, 이때부터 듀얼 모멘텀 전략을 시도했다면 6개월 동안 돈을 벌기는 했으나 7월부터 3개월간 꽤 고생했을 것이다. 반면에 이때는 진득하게 있다가 반감기 후 6개월이 지난 2020년 11월 4일부터 투자했다면 전략이 매우 잘 통했음을 알 수 있다. 2021년 5월 초 비트코인이 다시 120일 이동평균선 아래로 떨어지기까지 약 6개월 만에 10배 정도 수익을 낼 수 있었다.

참고로 2019년에도 비트코인이 120일 이동평균선을 돌파해서 듀얼 모멘텀 전략을 실행할 타이밍이 있었는데, 이때도 돈을 벌긴 했으나 수익률이 대단히 훌륭하지는 않았다. 처음 3개월 동안에는 149% 정도로 준수한 수익이 났으나 특히 2019년 6월부터 9월까지 3개월 동안에는 수익이 별 볼일 없었다. 결국 총수익 50%로 마감했다. 만약 반감기 6개월 이후에 듀얼 모멘텀 전략을 실행했다면 6개월 동안 이렇게 고생할 필요가 없었을 것이다.

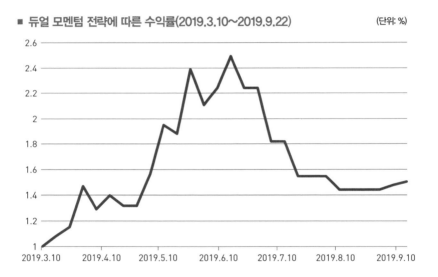

■ 듀얼 모멘텀 전략에 따른 수익률(2019.3.10~2019.9.22)　　　　　(단위: %)

2차 반감기 전후에는 어땠을까?

■ 2차 반감기 상승장 전/후반기 듀얼 모멘텀 전략에 따른 수익률     (단위: %)

만약 비트코인 120일 이동평균선을 따라 듀얼 모멘텀 전략을 실행했다면 2015년 10월 18일에 시작했을 것이다. 그런데 위 차트에서 보면 처음에는 돈을 버나 싶더니 2016년 3~5월에 크게 깨지면서 수익의 대부분을 반납하는 모습을 볼 수 있다. 물론 그 후에는 돈을 벌었으나 2016년 8월~2017년 1월 수익률은 저조하다. 물론 13.5배를 번 것도 대단하지만 말이다.

반감기 6개월 후인 2017년 1월 11일에 이 전략을 시작했다면 처음부터 4개월 만에 원금을 40배로 불릴 수 있었으며, 그 후에도 계속 수익이 발생해서 약 1년 만에 원금을 89배로 불릴 수 있었을 것이다.

■ **4차 반감기 상승장 전 듀얼 모멘텀 전략에 따른 수익률**  (단위: %)

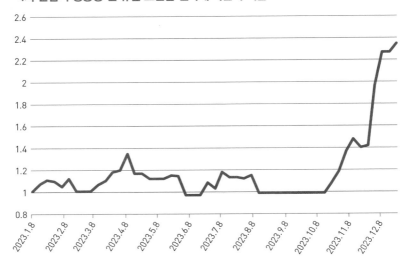

2023년도 반감기 전이라 그런지 듀얼 모멘텀 전략의 결과가 매우 훌륭하지는 않다. 물론 11~12월에 크게 상승해서 돈을 벌었으나, 그전에는 1월부터 10월까지 거의 10개월간 고통스러운 나날의 연속이었다.

▶ 알트코인 듀얼 모멘텀 전략은 본격적인 상승장이 시작되는 반감기 6개월 후부터 실행하는 것이 유력해 보인다. 그러므로 2024년 10월부터 이 전략의 비중을 본격적으로 늘리자!

나는 이 전략을 그전에도 적은 비중으로 적용해 왔는데, 2024년 10월부터는 비중을 크게 늘릴 계획이다. Dr. Ka는 벌써부터 이 전략을 통해 자산을 1,000억 원 이상으로 늘릴 꿈을 꾸고 있다.

# 듀얼 모멘텀 전략 - 추가 연구 과제

## 1. 보유 기간 - 1주일이 맞는가?

지금까지 우리는 다음과 같은 전략을 실행했다.

① 비트코인의 가격이 120일 이동평균선 위일 때

② 시가총액 상위 20개 코인 중

③ 최근 1주일간 가장 많이 오른 코인 3종을 사고

④ 1주일간 보유 후 리밸런싱한다(기존 코인 매도, 1주일 후 기준으로 주간 수익률이 가장 높은 코인으로 교체)

직접 듀얼 모멘텀 전략을 써 보니까 4번에 대한 의문이 생겼다. "1주일이 정말 가장 좋은 보유 기간일까?"라는 의문이었다. 내가 매수한 후 며칠 오르다가 추세가 끝나는 경우도 있었고, 반대로 처음 1주일간은 지지부진했는데 팔고 나니 그때부터 쭉쭉 올라가는 코인도 있었다. 그래서 '보유 구간'을 정밀하게 다시 검토한 결과 얻은 결론은 다음과 같다.

① 1주일간 보유하는 것도 좋았고, 2주일간 보유하는 것까지도 괜찮았다.

② 그러나 2주 차에서 3주 차에 접어들면서 최근 강력히 상승했던 코인의 모멘텀
이 서서히 감소하는 것을 발견했다.

알트코인을 대상으로 듀얼 모멘텀 전략을 실행하면서 거래를 좀 더
하고 싶다면 7일, 거래를 좀 덜 하고 싶다면 14일 보유를 추천한다.

## 2. 시가총액 및 코인 보유 수

이 전략은 시가총액 상위 20개 코인 중 최근 7일간 가장 많이 오른 3
개 코인을 매수하는 방법이다. 그런데 "왜 하필 상위 20개 코인 중에서
3개일까(앞으로 20+3이라고 하겠다)? 상위 50개 코인 중 5개는 안 되나? 상
위 100개 코인 중 7개는 어떨까? 20+3은 마법의 수치일까?"라고 궁금
해하는 독자도 많을 것이다.

▶ 결론은 다 된다! 20+3은 마법의 수치가 아니다. 내키면 상위 50
개, 100개 코인 중 3개, 5개, 7개, 10개에 투자해도 무방하다. 추세추종
의 법칙은 모든 코인에서 먹히니까!

내가 20+3을 선택한 이유는 다음과 같다.

① 상위 20개 코인은 들어봤을 만한 코인이니까 신뢰와 친밀도가 조금 강한 편이
며 단기적으로 파산할 가능성은 적다고 봤기 때문이다.

② 3개 코인이 아니라 5개를 사는 방법도 가능하겠지만 직접 해보니까 3개 이상은
귀찮아서… 3개를 추천한 것뿐이다.

### ③ 섹터 내에서도 듀얼 모멘텀 전략이 가능할까?

　코인 내에도 여러 섹터가 존재한다. 코인마켓캡(Coinmarketcap.com) 사이트에서 'Category'에 들어가면 코인 섹터가 228개 존재한다는 사실을 알 수 있다.

■ **코인마켓캡 첫 화면**

　들어가 보면 수많은 섹터들이 보인다.

이 중 몇 가지 '핫한' 섹터를 찾아서 최근 1주일간 가장 많이 오른 코인을 매수하는 전략은 어떨까? 상당히 유력하다고 본다. 나는 2024년 3월부터 이 전략을 사용하고 있다.

예를 들면 위 리스트에서 'Generative AI(생성형 AI)'를 클릭해서 들어가고 7일 수익률(7d%)을 누르면 생성형 AI 관련 코인 중 최근 7일 동안 가장 많이 오른 코인을 찾을 수 있다.

Top Generative AI Tokens by Market Capitalization

3월 10일 기준 최근 7일간 가장 많이 오른 코인들이 보이는데, 시가총액 200위 미만 코인은 우리가 통상적으로 접근할 수 있는 업비트, 빗썸, 바이낸스 등에서 사기 어렵다. 예를 들면 가장 위에 있는 AstroPepeX 코인의 경우 옆에 2549라는 숫자가 보이는데 이 코인의 시가총액이 2,549위라는 뜻이다. 이건 못 산다.

따라서 나는 섹터 내 듀얼 모멘텀 전략을 활용할 경우 시가총액 상위 200위 코인만 보고, 만약 해당 코인이 내가 거래하는 거래소에 없다면 시가총액 상위 200위 중 차순위 코인을 매수한다.

### 4. 손절 여부

듀얼 모멘텀 전략으로 매수한 코인이 사자마자 며칠, 또는 심지어 몇 시간 만에 10% 또는 20% 하락하면 손절해야 할까? 아니면 리밸런싱하는 날까지 보유하는 것이 좋을까?

백테스트를 해 봤는데, 손절한 후 더 하락한 경우도 있었으나 그 후 다시 반등한 경우도 많아서 나는 그냥 리밸런싱하는 날까지 보유하는 전략을 추천한다.

### 5. 매수 전 상승 기간

최근 7일 동안 가장 많이 상승한 코인을 매수하는데, 꼭 '7일'이어야 하나? 코인 시장이 움직이는 속도는 매우 빠른데, 최근 24시간 동안 가장 급등한 코인을 X일간 보유하는 전략은 어떨까?

내 직감으로는 이런 '가속화 듀얼 모멘텀' 전략도 코인 시장에서 매우 잘 통할 것 같다. 그러나 나는 뇌피셜로 투자하지 않고, 과거 데이터를 통한 검증한 후 결과가 좋아야 투자한다. 아쉽게도 이 책이 나오는 시점까지는 이 검증을 마치지 못했다. 결론이 나오면 내 유튜브 채널 '할 수 있다! 알고 투자'에서 공개하겠다.

# 13

---

## 짧게 수익 얻고
## 빨리 되파는
## 변동성 돌파 전략

# 짧게 수익을 얻고 빨리 되파는 변동성 돌파 전략

2018년 내가 쓴 《가상화폐 투자 마법공식》의 메인 전략은 래리 윌리엄스Larry Williams가 만든 '변동성 돌파 전략'이었다. 이 전략이 내가 책을 낸 이후에도 효과가 있었는지 궁금해하는 독자를 위해 이 장을 썼다.

먼저, 변동성 돌파 전략이란 무엇일까? 이 전략을 짧게 요약하면 '짧은 순간, 폭발적으로 상승하는 코인을 매수해서 24시간 내로 되파는' 단기 전략이다. 추세추종을 자동차로 비유해 보자. 시속 60km로 달리는 차는 특별한 이유가 없는 한 그 속도로 앞을 향해 달릴 것이고, 시속 50km로 달리는 차는 그 속도로 계속 달릴 것이다.

변동성 돌파 전략은 시속 60km로 달리던 차가 순간적으로 시속 150km로 급가속하는 것과 비슷하다. 이때 차의 가속페달에서 발을 떼거나, 심지어 급브레이크를 밟아도 순간적으로 시속 150km로 가속한 차가 더 멀리 움직일 가능성이 크다. 물론 이런 '급가속' 추세는 영원히 지속되지 않고 시간이 지날수록 가속 에너지가 약해지기 때문에, 즉시 편승해서 짧게 수익을 얻고 빨리 되파는 것이 변동성 돌파 전략의 핵심이다.

구체적인 룰을 알아보기 위해, 내가 한때 실전에서 사용했던 《가상화폐 투자 마법공식》의 '투자 전략 8: 상승장 + 변동성 돌파 + 변동성 조절 전략'을 분석해 보자.

# 상승장 + 변동성 돌파 + 변동성 조절 전략

●

투자 대상: 비트코인, 이더리움, 리플, 라이트코인, 대쉬

　- 《가상화폐 투자 마법공식》에서는 2014년부터 백테스트를 하기 위해 2015년에 생긴 이더리움을 뺐는데, 이번에는 넣었다.

투자 기간: 2014. 2~2018. 3(이더리움 제외), 2018. 3~2023. 12

거래 비용: 0.2%

투자 전략

　- 각 코인의 레인지 계산(전날 고가 - 저가)

　- 각 코인의 가격이 5일 이동평균선보다 높은지 파악하고, 낮을 경우 그날 투자 대상에서 제외

　- 매수: 실시간 가격 > 당일 시가+(레인지×0.5)

　- 자금 관리: 각 코인 투입 금액은 (2%/전일 변동성)/5일

　- 매도: 다음 날 시가

2023년 7월 13일 비트코인을 대상으로 이 전략을 실행한다고 가정해 보자.

① **상승장에만 투자**: 각 코인의 가격이 5일 이동평균선 아래라면 투자 대상에서 제외한다.

　- 이날 비트코인 가격은 5일 이동평균선보다 높으므로 거래할 수도 있다!

② **레인지 계산**: 비트코인의 전날(7월 12일) 고가는 30,982.11달러였고 저가는 30,251.63달러였다. 그렇다면 전날 레인지(최대 움직인 폭)는 766.48달러였다.

③ **매수 시기**: 전날인 7월 12일 종가는 30,382.25달러였으므로 비트코인 가격이 30,382.25 + (766.48×0.5) = 30,765.49달러 이상으로 오르면 매수한다. 7월 13일 실제로 비트코인 가격이 30,765.49달러 이상으로 올랐으므로 그 가격에 매수!

④ **투자 금액**:
- 7월 13일 투자 금액을 계산하기 위해 일단 전날 변동성(7월 12일 레인지/7월 13일 시가)을 계산한다.

  766.48/30,382.25 = 2.52%
- 변동성을 2%로 맞추기 위해 2%/2.52% = 79.28%를 투자한다.
- 비트코인은 5개 투자 대상 코인 중 하나이므로, 원래 투자 금액이 변동성 돌파 전략에 할당된 자산의 20%였는데 거기서 79.28%를 투자하니까 총 79.28%/5 = 15.85%를 투자하면 된다.

⑤ **매도 시기**: 7월 13일 종가에 매도한다. 이때 가격은 31,475.67달러였으므로 수익 확정!

⑥ **수익률**: 31,475.67/30,765.49−1 = 2.31%
- 자산의 15.85%를 투입했으니 자산 대비 수익률은 2.31%×15.85% = 0.366% 정도다.

이 전략은 내가 《가상화폐 투자 마법공식》을 쓴 2018년 3월까지 기가 막히게 잘 통했다.

■ 변동성 돌파 전략에 따른 수익률(2014.2~2018.3)　　　　　　　(단위: %)

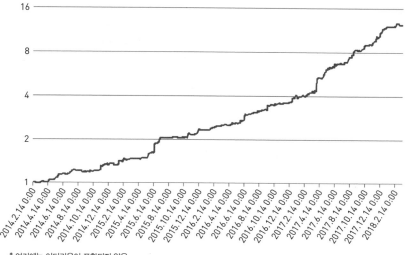

* 여기에는 이더리움이 포함되지 않음.

이 전략의 연 복리 수익률은 87%, MDD는 4%밖에 안 되었으니 정말 환상적인 전략이었다. 그렇다면 책 발간 후에는 어땠을까? 계속 유효했을까?

■ 변동성 돌파 전략에 따른 수익률(2018.3~2021.7)　　　　　　　　(단위: %)

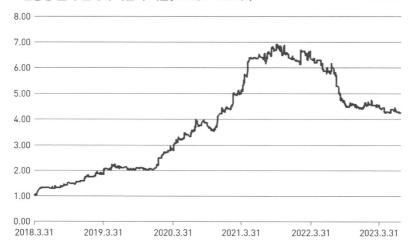

　위 차트에서 보다시피 변동성 돌파 전략은 책 발간 이후에도 3년 반 정도는 잘 통했다. 2018~2019년 하락장에서는 투자를 적게 했고(5일 이동평균선에 걸려서) 2020~2021년 상승장에서는 수익을 냈다. 정확히 말하면 2021년 10월까지는 수익 구간이었으나 그 후로는 죽을 쑤고 있다. 그 후로는 죽을 쑤고 있다. 그러나 변동성 돌파 전략은 내가 책을 발간한 후에도 3년 반 정도는 통했으니 《가상화폐 투자 마법공식》이 책값은 했다고 자부한다.

　왜 이런 일이 생겼을까? 내가 추측하기로는 최근 코인시장에 큰 자금을 운용하는 퀀트 펀드들이 많이 유입되면서 변동성 돌파 전략 등 일부 단기 전략의 초과수익이 사라진 것 같다. 코인시장의 경우 API(Application Programming Interface)로 트레이딩 봇을 만들어 자동매매를 하는 것이 주식시장보다 더 쉽기 때문이다. 어떻게 보면 시장이 좀 더 효율적으로 변했다고도 볼 수 있다.

 **53. 역대 최강의 트레이더의 가장 위대한 전략 - 변동성 돌파전략**
할 수 있다! 알고 투자 · 조회수 5.2만회 · 5년 전

제가 가장 존경하는 투자자/트레이더는 단연코 래리 윌리엄스 선생인데요, 이분이 아마 역대 최강이다. 이분의 업적 중 한가지만...

 **342. 강환국 가상화폐 전략, 18~19년 하락장에 먹혔나!**
할 수 있다! 알고 투자 · 조회수 2.3만회 · 3년 전

제가 2018년에 위대한 systrader79님과 같이 가상화폐 책을 썼는데요, 책에 나오는 전략 실적을 데이트 했습니다. 아시다시피 2018년...

BITCOIN

# 14

## 비트코인의
## 계절성 전략

# 비트코인의 시간별 특성

지금까지 코인의 추세를 이용한 단기 전략을 배웠다. 이 장에서는 계절성을 활용한 코인 투자를 배워 보자.

코인시장이 랜덤하게 움직인다면 특정 연도, 월, 요일, 일, 시간대에 수익률이 높고 다른 시간대에는 낮을 수 없다. 수익률이 골고루 분포해야 정상이다. 그런데 암호화폐 시장은 랜덤하게 움직이지 않는다. 특정 시간대의 코인 수익이 훨씬 높으므로, 우리는 이것을 활용해서 돈을 벌수 있고 코인의 수익이 저조한 구간을 피해서 손실을 방지할 수 있다.

이 장에서는 암호화폐 중 대장 격인 비트코인의 계절성만을 분석한다. 어차피 비트코인 가격의 등락에 따라 알트코인도 함께 움직이기 때문이다. 그뿐만 아니라 코인은 종목이 너무 많아서 모든 코인의 계절성을 분석하는 것은 불가능하다.

### 연도별 수익률

비트코인의 연도별 수익률은 다음과 같다.

■ 비트코인의 연도별 수익률

| 연도 | 수익률 |
|---|---|
| 2011년 | 1,474.00% |
| 2012년 | 186.11% |
| 2013년 | 5,865.51% |
| 2014년 | −60.51% |

| | |
|---|---|
| 2015년 | 35.10% |
| 2016년 | 124.07% |
| 2017년 | 1,337.70% |
| 2018년 | −72.94% |
| 2019년 | 91.70% |
| 2020년 | 303.30% |
| 2021년 | 59.45% |
| 2022년 | −64.22% |
| 2023년 | 154.32% |

혹시 몇 가지 패턴을 발견했는가?

① 홀수 해에는 비트코인의 수익이 늘 좋았다. 한 번도 손실이 없었다!

② 짝수 해에는 4년에 한 번씩 엄청난 하락장이 왔다.

- 반감기가 있었던 짝수 해(2012, 2016, 2020년)의 수익률은 매우 좋았다.

- 반감기가 없었던 짝수 해(2014, 2018, 2022년)에는 처참하게 하락했다.

이는 앞에서 배운 반감기 이론(?)과 일맥상통한다.

① 반감기가 있는 해에는 비트코인의 수익률이 좋다.

② 그다음 해의 수익률도 좋다(반감기 후 최고점은 12~18개월 후에 오기 때문이다).

③ 반감기 후 12~18개월 동안 크게 오른 비트코인은 약 1년에 걸쳐서 크게 하락한다(이 시기가 바로 반감기 2년 후 짝수 해다).

④ 크게 하락한 비트코인은 이후 바닥을 치고 반감기 전해인 홀수 해부터 다시 오르기 시작한다.

⑤ 따라서 2024, 2025년까지는 좋아 보이며 2026년을 특히 조심해야 한다.

참고로 홀수 해에 수익이 좋고 짝수 해에 수익이 나쁜 건 주식시장에도 똑같이 적용된다. 단, 여기서는 한 해 시작의 기준을 1월 1이 아니라 11월 1일로 잡았다. 주식시장은 11~4월에 수익률이 유난히 좋고 5~10월에는 수익률이 유난히 떨어져서, 주식투자의 경우 11월에 시작하는 것이 정석이기 때문이다(코인도 그런지는 뒤에서 살펴볼 것이다).

■ 코스피 홀수 해 수익률 vs. 짝수 해 수익률

| 연도 | 홀수 해 수익률 (10.31 기준) | 자산 비중 | 연도 | 짝수 해 수익률 (10.31 기준) | 자산 |
|---|---|---|---|---|---|
| | | 1.00 | | | 1.00 |
| 1999년 | 116.64% | 2.17 | 1998년 | −18.28% | 0.82 |
| 2001년 | 4.53% | 2.26 | 2000년 | −38.28% | 0.50 |
| 2003년 | 18.73% | 2.69 | 2002년 | 22.52% | 0.62 |
| 2005년 | 38.72% | 3.73 | 2004년 | 6.71% | 0.66 |
| 2007년 | 51.32% | 5.64 | 2006년 | 17.83% | 0.78 |
| 2009년 | 42.01% | 8.02 | 2008년 | −46.09% | 0.42 |
| 2011년 | 1.39% | 8.13 | 2010년 | 19.12% | 0.50 |
| 2013년 | 6.17% | 8.63 | 2012년 | 0.16% | 0.50 |
| 2015년 | 3.31% | 8.91 | 2014년 | −3.23% | 0.48 |
| 2017년 | 25.66% | 11.20 | 2016년 | −1.05% | 0.48 |
| 2019년 | 2.65% | 11.50 | 2018년 | −19.57% | 0.38 |
| 2021년 | 31.03% | 15.07 | 2020년 | 8.82% | 0.42 |

| 2023년 | 13.40% | 17.09 | 2022년 | −22.79% | 0.32 |
| 평균 | 27.35% | | | −5.7% | |

코스피는 1999년 이후 홀수 해에 매년 수익이 난 반면, 짝수 해 수익률은 상당히 안 좋았다. 코스닥도 마찬가지였다.

■ 코스닥 홀수 해 수익률 vs. 짝수 해 수익률

| 연도 | 홀수 해 수익률 (10.31 기준) | 자산 비중 | 연도 | 짝수 해 수익률 (10.31 기준) | 자산 |
|---|---|---|---|---|---|
| | | 1.00 | | | 1.00 |
| 1999년 | 180.54% | 2.81 | 1998년 | −46.91% | 0.53 |
| 2001년 | −16.24% | 2.35 | 2000년 | −58.37% | 0.22 |
| 2003년 | −3.48% | 2.27 | 2002년 | −23.18% | 0.17 |
| 2005년 | 64.54% | 3.73 | 2004년 | −23.02% | 0.13 |
| 2007년 | 38.21% | 5.16 | 2006년 | −0.23% | 0.13 |
| 2009년 | 57.93% | 8.15 | 2008년 | −61.97% | 0.05 |
| 2011년 | −6.79% | 7.59 | 2010년 | 8.22% | 0.05 |
| 2013년 | 4.75% | 7.95 | 2012년 | 3.59% | 0.06 |
| 2015년 | 22.36% | 9.73 | 2014년 | 4.93% | 0.06 |
| 2017년 | 11.13% | 10.81 | 2016년 | −8.62% | 0.05 |
| 2019년 | 1.52% | 10.98 | 2018년 | −6.56% | 0.05 |
| 2021년 | 25.19% | 13.74 | 2020년 | 20.37% | 0.06 |
| 2023년 | 29.29% | 17.77 | 2022년 | −29.93% | 0.04 |
| 평균 | 31.46% | | | −17.05% | |

이 패턴은 놀랍게도 국내 시장뿐만 아니라 미국, 중국, 일본, 독일 등 거의 모든 글로벌 주식시장에서도 유효하다. 주식에 투자하든, 코인에

투자하든 기억하자. 홀수 천국, 짝수 지옥!

### 월별 수익률

바로 앞에서 언급한 것처럼 주식시장에서는 대체로 11~4월에 수익률이 높다. 미국 주식시장의 경우 11~4월에는 2월을 빼고 나머지 달의 수익률이 양호하며, 5~10월에는 7, 10월 수익률이 괜찮은 편이고 나머지 달은 별로 안 좋고, 특히 9월에 수익률이 가장 안 좋다.

코인은 어떨까?

7장에서 살펴봤듯이, 비트코인 가격과 미국 주식시장의 상관성은 2018년까지는 딱히 높지 않았으나 그 후로 계속 증가하고 있다. 마침 내가 이전 책을 쓴 시기가 2018년 3월이라서 그 전/후 월별 수익률을 분석하는 것이 유의미해 보인다.

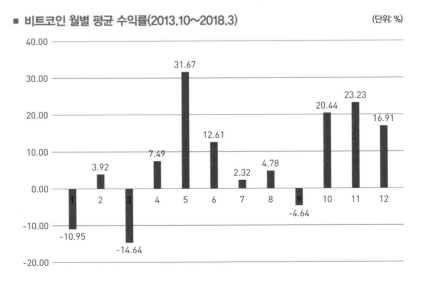

■ 비트코인 월별 평균 수익률(2013.10~2018.3)　　　　　　(단위: %)

2018년 이전에는 비트코인의 5~10월 수익률이 꽤 좋았고, 특히 주식시장이 전통적으로 별로 좋지 않은 5~6월에 수익률이 매우 높았다. 반대로 11~4월에는 1, 3월에 수익률이 저조했다.

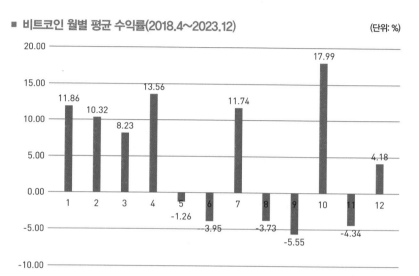

■ 비트코인 월별 평균 수익률(2018.4~2023.12)　　　　　　　　　(단위: %)

2018년 이후에는 패턴이 확연히 달라진 것을 볼 수 있으며, 주로 미국 주식시장과 계절성이 매우 비슷해졌음을 알 수 있다.

■ 미국 주식시장과 2018년 이후 비트코인의 월별 계절성 비교

| 구분 | 1월 | 2월 | 3월 | 4월 | 5월 | 6월 | 7월 | 8월 | 9월 | 10월 | 11월 | 12월 |
|---|---|---|---|---|---|---|---|---|---|---|---|---|
| 미국 주식 | 상승 | 하락 | 상승 | 상승 | 하락 | 하락 | 상승 | 하락 | 하락 | 상승 | 상승 | 상승 |
| 비트 코인 | 상승 | 상승 | 상승 | 상승 | 하락 | 하락 | 상승 | 하락 | 하락 | 상승 | 하락 | 상승 |

2018년 이후 비트코인은 대체로 미국 주식시장과 비슷한 계절성을 보였으며, 미국 주식시장이 대체로 약한 2월에 상승하고 대체로 강한 11월에 하락하는 것을 제외하고는 비슷한 성향을 보였다.

나는 비트코인의 기관 참여도가 계속 증가함에 따라 미래에는 비트코인과 주식시장의 상관성이 더 증가할 가능성이 높다고 보기 때문에, 비트코인의 월별 계절성도 2018년 이후 주식시장과 비슷하게 흘러갈 것으로 감히 전망한다. 따라서 비트코인도 11~4월 천국, 5~10월 지옥임을 명심하자!

결국 우리는 반감기 이후에 언제 팔아야 할지 고민해야 하는데, 계절성의 논리로 보면 2026년이 매우 위험해 보이니 2025년에 매도해야 할 것이다. 이를 고민하면서 나는 미국 주식시장과 비트코인의 상관성이 높아진 2018년 이후, 비트코인의 홀수 해 월별 수익률을 분석해 보았다 (사례가 적어서 통계적 유의미성이 낮은 건 인정한다. 그냥 참고만 하기 바란다).

또한, 미국 주식시장은 전통적으로 각 분기 첫 달인 1월, 4월, 7월, 10월에 강하다. 기관들의 자금이 이때 유입되기 때문이다. 나는 2018년 이후로 1월, 4월, 7월, 10월에 비트코인의 수익률이 강한 것이 우연이 아니라고 본다(기관 참여가 거의 없었던 2018년 이전에는 10월을 제외하고는 분기 첫 달의 수익률이 그다지 훌륭하지 않았다).

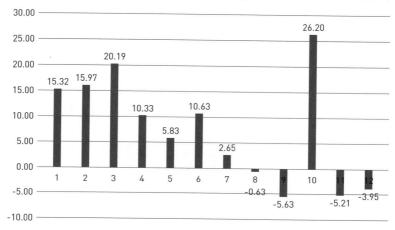

■ 비트코인의 홀수 해 월별 평균 수익률(2018년 이후)　　　　　(단위: %)

위 차트를 보면 2025년 10월 말에 매도하는 게 적격으로 보인다. 이는 '반감기 12~18개월 후 매도' 전략과도 정확히 일치한다. 참고로 2023년에도 10월부터 본격적인 상승장이 시작됐다.

하는 김에 2018년부터 짝수 해 월별 수익률도 분석해 보았다.

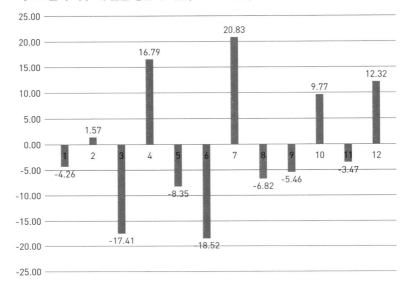

■ 비트코인의 짝수 해 월별 평균 수익률(2018년 이후)　　　　　　(단위: %)

위 차트를 보면 2026년 9월 말쯤이 재진입 시기로 나쁘지 않아 보인다. 짝수 해에는 1~9월 수익률이 전반적으로 약하고 10월부터 다시 수익이 나기 때문이다. 보통 비트코인 암흑기를 1년 정도로 보는데 대략 일치하기도 하고 말이다.

### 요일별 수익률(미국 기준 주의!)

비트코인의 요일별 수익률을 분석하면 2013년 11월~2018년 3월 구간에는 수요일의 수익률이 제일 높았고, 월, 토요일도 수익률이 좋았으며, 화, 목, 금, 일요일의 수익률은 상대적으로 저조한 것으로 나타났다.

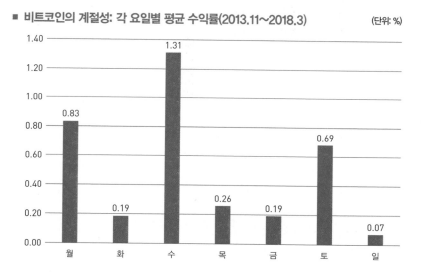

■ 비트코인의 계절성: 각 요일별 평균 수익률(2013.11~2018.3)    (단위: %)

그 이후에도 월, 수, 토요일의 수익률이 상대적으로 높은 것에는 변함이 없었으며, 화, 목, 일요일의 수익률이 낮은 것에도 변함이 없었다. 그런데 금요일 수익률이 상대적으로 좋아지고, 목요일 수익률이 가장 저조한 것이 눈에 띈다.

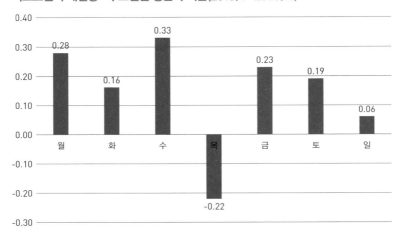

■ 비트코인의 계절성: 각 요일별 평균 수익률(2018.4~2023.12)　　(단위: %)

2018년 이후에는 요일별 수익률 차이가 눈에 띄게 줄어든 것을 볼 수 있다. 비트코인시장이 훨씬 더 효율적으로 변한 근거를 이 외에도 더 찾을 수 있는데, 이것은 뒤에서 설명할 것이다. 참고로 '시장이 더 효율적으로 변했다'는 것은 손쉽게 돈을 벌 수 있는 전략들이 더 이상 통하지 않는다는 뜻이다. 앞으로 비트코인시장에서 단순한 요일별 투자로 돈을 벌기는 어려워 보인다.

### 일별 수익률

《가상화폐 투자 마법공식》에서 나는 비트코인시장에 주식시장과 비슷하게 '월말월초' 효과가 존재한다는 주장을 펼쳤다. 월말(26일부터 말일)과 월초(1일부터 5일까지) 수익률이 월중 수익률보다 월등히 높다는 내용이었다. 2018년 후 시장도 그랬는지 한번 분석해 보자.

■ 비트코인의 일별 평균 수익률(2013~2017년)　　　　　　　　(단위: %)

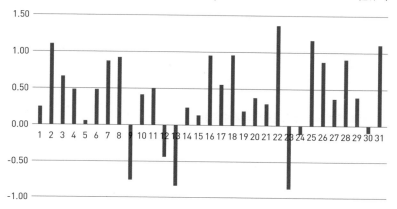

위 차트에서는 월말, 월초가 월중보다 반드시 좋았는지가 뚜렷하게 보이지 않는다. 전반적으로 평균 수익률이 0 이하인 날이 9~24일 사이에 모여 있어서 수익률을 낮추는 요인이 된다는 것은 알 수 있다. 2018년 이후에는 어땠을까?

■ 비트코인의 일별 평균 수익률(2018~2023년)　　　　　　　　(단위: %)

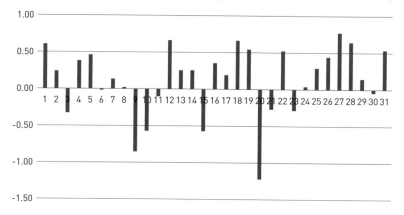

2018년 이후에도 수익이 별로 좋지 않은 날들이 6~24일 구간에 몰려 있음을 볼 수 있다. 이 현상은 2018년 전과 대비할 때 훨씬 더 뚜렷해졌다. 이와 비교해서 월말, 월초의 일별 수익률은 상대적으로 좋은 편이다.

■ 월말, 월초 vs. 월중 일별 평균 수익률

| 연도 | 월말, 월초(26일~다음 달 5일)<br>일별 평균 수익률 | 월중(6~25일)<br>일별 평균 수익률 |
|---|---|---|
| 2013~2017년 | 0.56% | 0.32% |
| 2018~2023년 | 0.35% | −0.01% |

단기적으로 비트코인에 투자한다면 매월 26일 매수, 다음 달 5일 매도를 반복하는 전략도 추천할 만하다.

### 시간별 수익률

《가상화폐 투자 마법공식》에서 나는 '안티좀비 전략'을 소개한 바 있다. 2017년 말 비트코인이 한국에서 선풍적인 인기를 끌며 새로운 투자자들이 대거 유입되었다. 비트코인은 24시간 거래가 가능한 상품이라서, 정말 거의 24시간을 깨어 있는 상태로 코인을 거래하는 신세대 젊은이들이 탄생했으며 우리는 이들을 '코인좀비'로 불렀다. 그러나 말이 24시간 거래하는 것이지 그들도 100% 좀비화하는 데 실패하고, 인간인 만큼 육체의 한계를 버틸 수 없어 조금이나마 수면을 취해야 했다. 좀비들의 수면이 주로 오전 3시 이후 이루어지다 보니, 이때쯤 국내 거래소의 거래량이 급감했다.

이에 나는 오전 3시~오전 11시에만 거래하는 '안티좀비 전략'을 제시했다(코인좀비는 대부분 짧게 수면을 취하고, 코인 거래만으로는 생계유지가 불가능하므로 보통 출근을 한다. 따라서 아침에는 출근 준비에 바쁘고, 출근한 뒤 오전에는 일하거나 일하는 척하면서 졸기 때문에 거래할 시간이 없다). 우리는 인간이니 좀비와는 반대로 투자해야 할 것 아닌가? 이 전략의 수익률은 상당히 준수했다.

**■ 비트코인 안티좀비 전략 수익률(2013.12~2018.3)**

이 전략이 2018년 이후에도 잘 통했을까? 2018년 3월 이후 시간별 수익률을 분석해 보니 다음과 같은 결과가 나왔다.

■ 비트코인 오전 시간별 평균 수익률(2018.3~2023.10)

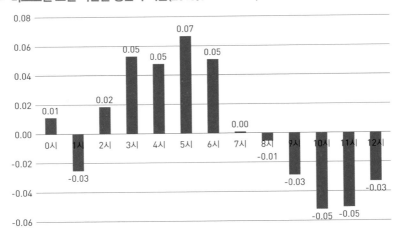

■ 비트코인 오후 시간별 평균 수익률(2018.3~2023.12)

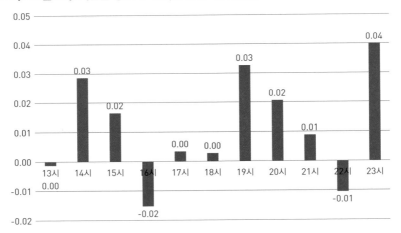

코인좀비들을 겨냥해서 오전 3시에 투자를 개시하는 것은 좋았는데, 오전 3~7시 수익률은 괜찮았지만 오전 7~11시 수익률은 별로였다.

요즘 코인좀비들은 2018년 이전보다 더 발전해서 출근 준비, 출근 중, 출근 후에도 거래하는 것일까? 아니면 아예 출근을 포기한 것일까? 어쨌든 오전 3시에 사고 오전 7시에 파는 것을 되풀이했다면 결과는 아래와 같았다.

■ 비트코인 안티좀비 전략 수익률(2018.4~2023.10)

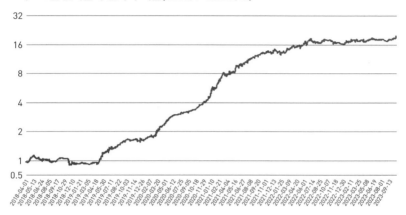

보다시피 안티좀비 전략은 상당히 준수한 수익률을 기록했는데, 2022년 하반기부터는 수익이 저조하다. 위 차트는 거래비용을 포함하지 않았는데, 매수와 매도에 각각 0.05% 수수료를 포함하면 안티좀비 전략의 수익률은 다음과 같았다.

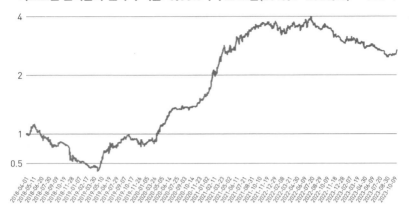

■ 비트코인 안티좀비 전략 수익률: 0.05% 수수료 포함(2018.4~2023.10)　　　(단위: %)

2022년 하반기부터 오전 3~7시에 거래했다면 돈을 잃었음을 알 수 있다. 2018~2019년에도 하락장에서는 이 전략의 수익률이 저조했던 적이 있지만, 이 전략이 완전히 효력을 상실했는지 평가하기에는 아직 좀 이르다.

비트코인의 계절성 전략을 요약해 보면, 투자 타이밍을 잡는 데 꽤 도움을 받을 수 있다.

① 중장기적으로는 4년에 한 번씩 오는 '죽음의 짝수 해'를 피하는 것이 가장 중요하다. 반감기가 없는 짝수 해에는 코인을 팔고 현금으로 보유하거나 숏 포지션을 취하라.

② 월간 수익률을 보면 코인도 최근에는 주식처럼 11~4월에 상대적으로 수익률이 좋고, 5~10월에는 상대적으로 수익률이 저조한 편이다. 그리고 분기 첫 달(1월, 4월, 7월, 10월) 수익률이 상대적으로 양호한 편이다.

- 1–2를 종합해 보면 반감기가 없는 짝수 해인 2026년에는 코인 투자를 피하는 것이 좋다. 정말 투자하기 귀찮은 투자자에게는 '3년 투자, 1년 쉬어가기' 전략을 권한다.

  비트코인, 이더리움을 3년 동안 장기 보유하다가 반감기가 없는 짝수 해가 오기 직전에 현금화하고 1년 후 다시 진입하는 방법이다. (예: 2023~2025년 비트코인, 이더리움 보유, 2026년 현금 보유, 2027~2029년 비트코인, 이더리움 보유, 2030년 현금 보유…)

- 이 전략을 좀 더 응용한다면 반감기 다음 해 4월에 팔고(이번에는 2025년 4월) 반감기 없는 짝수 해가 끝나는 시기(2026년 12월 31일)까지 현금을 보유하다 다시 비트코인, 이더리움을 매수하는 전략도 나쁘지 않아 보인다.

③ 좀 더 단기적으로 투자한다면 나 같으면 월말, 월초를 노리겠다. 코인뿐만 아니라 주식도 통상적으로 이때 수익률이 월중 수익률보다 월등히 높다.

④ 옛날에는 새벽에 코인좀비들 잡는 재미가 쏠쏠했는데 2022년 말부터는 그다지 잘 통하지 않는다. 너무 못된(?) 전략이라 시장이 더 이상 수익을 허용하지 않는 것일까?

 1090. 이때 비트코인에 투자하면 대박납니다. 비트코인 계절성 전격 분석!
할 수 있다! 알고 투자 · 조회수 4.2만회 · 4개월 전
안녕하세요 팔러님들~ 제가 총 자산의 5% 정도 소규모로 비트코인에 분산 투자하고 있어서, 오늘은 비트코인에 제 투자하는 것이 가장 best일지…

**BITCOIN**

# 15

## 중장기, 단기 전략 요약

지금까지 배운 중장기, 단기 전략을 요약해 보자.


# 중장기 전략

중장기 전략은 장기적으로 보유할 가치가 있는 비트코인, 이더리움 등 '우량 코인'을 매수하여 수개월 이상 보유하는 전략이다.

1. 코인은 보통 반감기 12~18개월 전부터 오르기 시작해서 반감기 12~18개월 후에 최고점에 도달한다.

2. 매수 타이밍은 비트코인 가격이 전고점을 기록한 이후 6개월 이상 지나고, 70% 이상 하락한 다음, 최저점을 찍은 후 2배 올랐을 때가 좋다. 이더리움이나 솔라나, 바이낸스코인처럼 장기적으로 보유할 가치가 있는 알트코인도 이 시기에 같이 구매할 수 있다.

   – 매수방법으로는 분할매수를 추천하는데, 가격이 박스권을 형성한 후 이를 상향 돌파할 때 추가매수 하는 것을 권한다.

3. 코인은 보통 4년에 한 번, 반감기가 없는 짝수 해에 크게 하락한다. 2026년이 여기에 해당하니까 2025년 내로 코인을 정리하는 것이 현명하다.

   – 매도방법으로는 자산 비중 초과 시 매도, 시간 매도, 이동평균선 하회 시 매도, 비트코인 고점 대비 25% 하락 시 매도, 오를 때 매도, 휴먼 인디케이터 매도 등 6가지 방법이 있으며, 이 중 몇 가지 방법을 섞을 수도 있다.

   – 시간 매도의 경우, 코인도 주식처럼 주로 11~4월에 강하고 5~10월에 약한

데, 홀수 해에는 10월이 유난히 강하므로 2025년 4~10월에 매도하는 것이 나쁘지 않아 보인다.

**4. 내가 주장하는 내용은 모두 틀릴 수 있으므로 리스크 관리는 필수다.**

- 주로 위 시기(반감기 전 12~18개월, 후 12~18개월)에 집중적으로 투자하되, 비트코인 가격이 이동평균선 아래로 내려가면 일시적으로 암호화폐 자산을 현금화하고, 비트코인 가격이 다시 이동평균선 위로 올라가면 비트코인과 이더리움 등 유망 알트코인을 재매수하는 전략이 상당히 유력하다.

- 자산의 일부만 투자하고, 변동성 조절을 통해 리스크를 관리한다.

- 중장기 전략을 실행하되 계절성을 참고하여 코인시장이 약한 달에는(예: 5~9월) 코인을 빼서 현금으로 보유하거나 코인 비중을 줄이는 방법도 있다.

**5. 발행 수가 계속 늘어나는 인플레이션 알트코인은 중장기 전략에 적합하지 않다.**


## 단기 전략

단기 전략은 장기적으로 보유할 가치가 없는 알트코인을 거래하는 데 활용할 수 있으며, 보유 기간이 길어도 2주일을 넘지 않는다(그러나 이 전략으로 비트코인, 이더리움 등 우량 코인을 거래하는 것도 가능하다!)


**1. 코인은 상승장에만 매수하고 하락장에는 거들떠보지도 않는 것이 현명하다.**

- 따라서 비트코인 가격이 이동평균선 위일 때만 매수한다. 10일, 20일, 60일, 120일, 200일 이동평균선 중 하나를 고르거나, 아예 5개를 다 고려하는 방법

이 있다. 나는 120일선을 주로 본다.

2. 수많은 코인 중 최근 1주일간 가장 많이 오른 코인이 앞으로 다가올 1주일간에 도 많이 오를 가능성이 높다.

3. 따라서 비트코인 가격이 이동평균선 위에 있으면 시가총액 20위 코인 중 최근 1주일간 가장 많이 오른 코인을 3종 매수하고, 이 과정을 매주 한 번 되풀이한 다(듀얼 모멘텀 전략 참조).

4. 코인은 주식과 마찬가지로 주로 월말, 월초에 강한 편이므로, 이때 집중해서 듀 얼 모멘텀 전략을 사용하는 것도 생각해 볼 만하다.

여기까지 읽었으면 이 책에서 소개하는 전략이 전작인 《가상화폐 투자 마법공식》보다 훨씬 단순하다는 것을 느꼈을 것이다. 거래량 관련 전략도 없고, 노이즈 지표도 사라졌으니 말이다! 내가 첫 투자 책을 쓴 이후로 7년, 첫 코인 책을 쓴 이후로 6년이 지났다. 그동안 내가 느낀 것은 백테스트로 알아보는 수익률은 매우 아름답지만, 복잡하고 사용이 어려운 전략보다는 '손쉬운, 지속 가능한 전략'이 최고라는 것이다. 복잡한 전략을 실제로 사용하는 투자자들은 극소수다. 단순한 게 최고다(물론 이 책에서 소개한 전략의 수익률도 꽤 준수하다고 생각한다). 일단 대부분의 투자자는 직장, 개인적인 성향 등의 이유로 자주 거래하는 전략은 실행하기 어렵다. 나 자신도 거래 회수가 아주 적은 중장기 전략으로 투자하고 있다. 그나마 나보다 좀 부지런한 사람이라면 1주일에 한 번 거래하는 '듀얼 모멘텀 전략'을 실행할 수 있지 않을까? 이것이 단기 전략 중에서도 비교적 따라 하기 쉬운 이 전략을 소개한 이유다.

# 16

## 코인 논문에 나오는, 내가 직접 검증하지 않은 전략들

주의: 이 장은 복잡한 것을 싫어하는 독자라면 건너뛰어도 된다. 지금까지 배운 것만 착실하게 이해하고 실천하면 누구나 부자가 될 수 있다!

투자자에는 세 부류가 있다.

① 본인이 모든 것을 끝까지 직접 연구하고, 백테스트도 직접 해보고, 본인만의 전략을 세워 투자하는 부류(적거나 거의 없음)
② 본인이 투자의 대가라고 생각하는 사람의 전략을 그대로 따라 하는 부류(많음)
③ 1, 2번 다 귀찮고 잘 모르겠으니 그냥 자산을 맡기는 부류(더 많음)

3번 부류의 투자자는 내가 아직 자산운용사를 차리지 못했기 때문에 도와줄 수 없다. 이 책에 나오는 전략을 따라 한다면 여러분은 2번 부류에 속한다. 그런데 이걸로는 좀 부족한 사람도 있을 것이다. 바로 1번 부류의 투자자들이다! 이들은 내가 제시한 전략을 그냥 따라 하는 것을 매우 부끄러워한다. '남자로 태어났으면 본인만의 투자 전략이 있어야 할 것 아닌가?'라고 생각하는 사람들이 바로 이들이다(놀랍게도 독자적으로 본인만의 전략을 연구해서 실행하는 여자 투자자를 나는 실제로 거의 보지 못했다).

나는 대중을 상대로 책을 팔아 많은 인세를 받고 싶은 작가라서 지금까지는 2번 부류 투자자가 만족하도록 단순하고 쉬운 전략들을 기술했다. 그러나 1번 부류 투자자도 배려해야 하므로 이 장을 썼다. 나 말고도 코인에 투자하는 사람은 많으며 이 중 일부는 본인의 전략을 논문으로 공개했다. 최근 5년간 정말 많은 코인 논문이 세상에 쏟아져 나왔다. 이 장에서는 이들 논문 중 일부를 소개할 텐데 이때 주의할 점이 있다.

① 논문 내용은 논문 저자가 백테스트한 것이고 내가 추가로 검증하지는 않았다. 그러니까 여러분이 직접 관련 데이터를 다운받아서 다시 백테스트해 보기를 권한다. 1번 부류에 속한다면 당연히 할 수 있겠지? 참고로 논문들의 데이터는 대부분 코인마켓캡(coinmarketcap.com)에서 가져왔으니 여기서 데이터를 수동으로, 또는 API를 활용해서 다운받을 것을 추천한다.

② 논문이라고 해서 데이터 마이닝Data Mining, 숫자 조작, 계산 잘못 등이 없는 것은 아니다. 실제로 나중에 반박 논문이 나와서 기존 논문의 논리 또는 결과를 비판하는 경우가 비일비재하다.

이것들을 주의하며 여기서 소개하는 논문에 나오는 아이디어들을 거름으로 삼는다면, 본인만의 훌륭한 전략을 세울 수 있을 것이다. 건투를 빈다!

## 기술적 투자 지표

Fieberg, Liedke, Poddig, Walker, Zaremba (2023), "A Trend Factor for the Cross-Section of Cryptocurrency Return"

2023년 11월 9일 발간된 이 논문에서 저자들은 주식시장에서 널리 알려진 기술적 투자 지표들이 코인시장에서도 통하는지 분석했다. 시가총액이 100만 달러 이상인 3,245개 코인의 수익률을 분석했으며, 분석 기간은 2015년 4월부터 2022년 5월까지였다.

저자들은 각 지표들의 수익률을 5분위로 나누었다. 수익률은 주간 수익률이었고, 리밸런싱 주기도 주간이었다(1분위: 지표가 가장 우수한 상위 20% 코인, 5분위: 지표가 가장 열등한 하위 20% 코인).

그중 유의미한 결과가 나온 지표는 아래와 같았다.

■ **모멘텀 지표**  (단위: %)

| 지표 | 1분위(최하) | 2분위 | 3분위 | 4분위 | 5분위(최상) | 최상−최하 |
|---|---|---|---|---|---|---|
| 1주 수익률 | 0.85 | 1.01 | 1.75 | 3.14 | 2.78 | 1.93 |
| 2주 수익률 | 0.18 | 1.18 | 1.48 | 2.72 | 3.72 | 3.59 |
| 3주 수익률 | 0.82 | 1.07 | 2.20 | 2.15 | 3.88 | 3.06 |
| 4주 수익률 | 0.87 | 0.93 | 1.92 | 2.70 | 2.98 | 2.11 |

최근 1, 2, 3, 4주간 가장 많이 오른 상위 20% 코인(5분위)의 수익률이 부진했던 하위 20% 코인(1분위) 수익률보다 월등히 높았다. 코인은 추세가 강해서 오르는 놈이 계속 오르고 내리는 놈은 계속 내린다!

■ **모멘텀 오실레이터(Oscillator) 지표**  (단위: %)

| 지표 | 1분위(최하) | 2분위 | 3분위 | 4분위 | 5분위(최상) | 최상−최하 |
|---|---|---|---|---|---|---|
| RSI | 0.00 | 0.76 | 1.72 | 2.44 | 3.52 | 3.52 |
| StochK | −0.24 | 1.24 | 1.37 | 2.45 | 3.72 | 3.95 |
| StochD | 0.39 | 0.85 | 1.31 | 2.19 | 3.28 | 2.89 |
| CCI | −0.10 | 1.09 | 1.59 | 2.66 | 3.71 | 3.81 |

아마 주식 관련 기술적 투자 책을 읽은 사람은 주가상대강도RSI, 스토캐스틱Stochastic, 상품채널지표CCI라는 지표를 들어 봤을 것이다. 대부

분 주식 차트에서 보조 지표로 같이 볼 수 있다. 여기서는 자세한 설명을 생략하겠다.

보통 주식시장에서는 RSI가 70 이상이면 그 종목이 '과매수'된 것으로 보고 단기 하락을 점치고, 30 이하면 '과매도'된 것으로 보고 단기 상승을 점친다. 코인시장에서는 RSI 상위 20%, 즉 RSI가 가장 높았던 코인의 주간 수익률이 3.52%나 되었으며 RSI 하위 20%, 즉 RSI가 가장 낮았던 코인의 주간 수익률은 0%에 불과했다. 코인시장은 추세가 강해서 RSI가 높은, 즉 최근 많이 오른 코인이 계속 오른다.

스토캐스틱과 CCI도 비슷한 흐름을 보였다. 각 지표들이 가장 높은 상위 20% 코인의 주간 수익률이 지표가 낮은 코인의 주간 수익률보다 높았다.

■ **이동평균선 관련 지표** (단위: %)

| 지표 | 1분위(최하) | 2분위 | 3분위 | 4분위 | 5분위(최상) | 최상-최하 |
|---|---|---|---|---|---|---|
| 이격도(5)일 | 0.35 | 0.68 | 2.03 | 3.28 | 3.22 | 2.87 |
| 이격도(10)일 | 0.46 | 0.68 | 2.07 | 3.03 | 2.83 | 2.37 |
| 이격도(20)일 | 0.05 | 0.65 | 1.77 | 3.13 | 3.18 | 3.13 |
| 이격도(50)일 | 1.16 | 1.31 | 1.36 | 2.68 | 3.64 | 2.48 |
| MACD | 1.02 | 1.39 | 1.55 | 3.01 | 3.18 | 2.16 |

이격도는 최신 가격이 이동평균선과 얼마나 벌어졌는지 측정하는 지표다. 가격이 이동평균선보다 훨씬 높으면 이격도가 높다. 이는 최근 가격이 많이 올랐다는 것을 의미한다(상승추세). 반대로 가격이 이동평균선보다 훨씬 낮으면 이격도가 낮다. 이는 최근 가격이 많이 하락했

다는 것을 의미한다(하락추세). 코인은 추세추종 경향이 강하므로 5일, 10일, 20일, 50일 이동평균선의 이격도가 상위 20% 코인의 주간 수익률이 하위 20% 코인보다 월등히 높았다.

장단기 이동평균선 간의 차이를 이용하여 매매신호를 포착하는 기법인 MACD도 기술적 투자자들이 자주 쓰는 지표인데, MACD 상위 20% 코인의 수익률이 하위 20% 코인의 수익률보다 높은 것을 볼 수 있었다. MACD 상위 코인은 최근 많이 오른 코인, 하위 코인은 최근 많이 떨어진 코인으로 보면 된다.

■ 비트코인 이격도 샘플

출처: www.binance.com.

■ 거래량 관련 지표                                                  (단위: %)

| 지표 | 1분위(최하) | 2분위 | 3분위 | 4분위 | 5분위(최상) | 최상-최하 |
|---|---|---|---|---|---|---|
| 거래대금 이격도(100일) | 1.08 | 1.70 | 1.87 | 2.46 | 2.76 | 1.68 |
| 거래대금 이격도 (200일) | 1.21 | 2.20 | 1.79 | 2.65 | 2.77 | 1.56 |

거래량 100일, 200일 이격도는 무엇일까? 최신 거래대금을 최신 100일 또는 200일 이동평균으로 나눈 지표를 말한다. 최근 거래량이 폭증했다면 거래대금 이격도가 높게 나오고, 최근 거래량이 급감했으면 거래대금 이격도가 낮게 나온다. 최근 거래량이 폭증해 이격도가 높은 코인의 수익률이, 거래량이 급감한 코인의 수익률보다 월등히 높았다.

■ **비트코인 거래량 이격도 샘플**

출처: www.binance.com.

위 차트 하단에서 비트코인의 1일 거래량을 볼 수 있는데, 보라색은 거래량의 20일 이동평균선이다. 왼쪽 빨간색 네모의 경우 거래량이 이동평균선보다 훨씬 높으므로 이격도가 크고, 오른쪽 빨간색 네모의 경우 이동평균선과 거래량이 거의 일치해서 이격도가 작은 편이다.

(단위: %)

| 지표 | 1분위(최하) | 2분위 | 3분위 | 4분위 | 5분위(최상) | 최상–최하 |
|---|---|---|---|---|---|---|
| 볼린저 Low 이격도 | 1.14 | 1.95 | 2.46 | 2.38 | 3.21 | 2.07 |
| 볼린저 Mid 이격도 | −0.15 | 0.49 | 1.80 | 2.87 | 3.29 | 3.44 |
| 볼린저 High 이격도 | 0.77 | 0.50 | 1.90 | 2.41 | 3.18 | 2.41 |

볼린저 밴드Bollinger Band는 자산의 20일 이동평균선을 '볼린저 Mid'로 정의하고, 그 후 최근 20일 자산의 변동성을 계산한 후 볼린저 Mid에서 2×변동성을 더한 수치를 볼린저 High, 볼린저 Mid에서 2×변동성을 뺀 수치를 볼린저 Low로 정의한다. 이를 통해 차트에 다음과 같이 볼린저 밴드를 그릴 수 있다. 코인 가격이 이동평균에서 크게 벗어나는 경우는 없으므로 가격은 대부분 볼린저 밴드 안에서 움직인다.

■ 비트코인의 볼린저 밴드

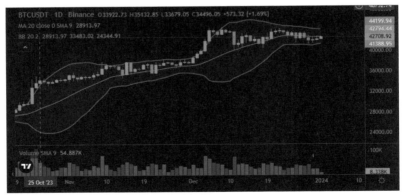

출처: www.binance.com.

볼린저 이격도는 실제 가격이 볼린저 High, Mid, Low에서 얼마나 벗어났는지 측정하는 지표다. 보통 주식시장에서는 주가가 볼린저 밴드를 벗어나면 다시 밴드 안으로 되돌아온다는 것을 근거로 역추세에 베팅하는 경우가 많은데, 코인시장에서는 추세 경향이 강해서 볼린저 밴드 수치보다 가격이 많이 올라 이격도가 높은 코인이 계속 오르는 경향이 있다. 위 차트에서는 갈색 선이 볼린저 Mid를 뜻하고 위아래의 파란색 선이 볼린저 High, Low를 뜻한다.

좀 복잡했나? 결론은 다음과 같다.

① **코인은 추세가 강하다!**
  – 최근 많이 올라서 수익률이 높고
  – 가격이 이동평균선이나 볼린저 밴드보다 월등히 높게 형성된 코인의 주간 수익률이 높다.
② **여기에 거래량까지 폭발해서 거래량이 이동평균선보다 훨씬 높으면 금상첨화다.**

이 정도면 상당히 다양한 전략을 만들 수 있을 것이다.

〈예시 전략〉

예시 1) 비트코인 가격이 X일 이동평균선보다 높을 경우(코인 상승장): 상위 100대 코인 중 RSI 순위와 거래대금, 100일 이격도 각 순위 계산, 평균 순위가 가장 높은 10개 코인 매수, 주간 리밸런싱 예시 2) 비트코인 가격이 X일 이동평균선보다 높을 경우(코인 상승장): 상위 100대 코인 중 CCI 지표 상위 10%에서 거래량 이격도가 X% 이상으로 오르는 코인 매수, 주간 리밸런싱

물론 이 예시 말고도 수백 개의 전략을 만들 수 있다. 이 논문의 단점은 실제로 거래가 불가능한 수많은 초소형 코인들이 포함되어 있다는 점이다. 다행히 최근 시가총액 100대 코인만 다룬 논문이 나왔다.

Li, Zhu (2023), "Re-Examine Anomalies in the Cryptocurrency Market"

두 저자는 코인시장에서 2020년 이전까지 통했던 소형 코인 효과, 모멘텀 효과 등이 2020년 후 시장에서도 잘 통하는지 알아보기 위해 2014~2022년 데이터를 분석하고, 상장된 모든 코인을 분석하는 동시에 거래량이 충분한 100대 코인도 추가로 분석했다. 그 결과를 살펴보자.

■ 사이즈 지표

| 지표 | 1~5분위 주간 수익률 |
|---|---|
| 시가총액 | −0.7% |
| 가격 | −1.9% |
| 주간 최대가격 | −2.0% |

이는 10장에서 살펴본 내용이기도 하다.

① 100대 코인 중에서도 시가총액 하위 20% 코인의 수익률이 상위 20%보다 높다 (주간 0.7% 정도).

② 가격 하위 20% 코인의 수익률이 상위 20%보다 높다(주간 1.9% 정도).

③ 주간 최대 가격 하위 20% 코인의 수익률이 상위 20%보다 높다(주간 2.0% 정도).

  – 주간 최대 가격은 최근 1주일간 최고가를 의미한다.

■ 모멘텀 지표

| 지표 | 1~5분위 주간 수익률 |
|---|---|
| 1주 수익률 | 3.1% |
| 2주 수익률 | 3.5% |
| 3주 수익률 | 3.9% |
| 4주 수익률 | 2.9% |

100대 코인 중에서도 최근 1, 2, 3, 4주 수익률이 가장 높았던 상위 20% 코인의 수익률이 하위 20% 코인의 수익률보다 월등히 높았다. 따라서 시가총액 상위 100대 코인 중에서도 추세추종, 즉 최근 수익이 높았던 코인을 사는 전략은 매우 현명했다. 아쉽게도 이 논문은 앞 논문처럼 수많은 기술적 투자 지표들을 분석하지는 않았다.

▶ 관련 영상

1135. 비트코인 보다 더 오를 수 있는 알트코인, 뭘 사야 할까?
할 수 있다 알고 투자 · 조회수 7.5만회 · 2개월 전

# 펀더멘털 투자 지표

기술적 투자자들은 자산의 가격과 거래량 패턴을 통해 미래 가격을 예측할 수 있다고 믿는다. 따라서 앞에서 본 것처럼 가격의 추세, 가격, 거래량의 변화를 기반으로 한 지표(이동평균선, RSI, MACD, 거래량의 변동성 등)와 이 모든 것을 시각화한 '차트'를 분석한다.

반대로 기본적(펀더멘털) 투자자들은 가격과 거래량을 제외한 자산의 수요와 공급에 영향을 미칠 수 있는 요소들을 연구한다. 주식 투자자의 경우 매크로 환경, 산업 동향, 기업의 상품/제품의 경쟁력, 경쟁 동향, 재무제표, 경영진 등이 여기에 해당한다.

그렇다면 코인 가격에 영향을 줄 수 있는 펀더멘털 지표에는 무엇이 있을까? 이와 관련한 논문도 상당히 많이 나와 있다.

## 네트워크 효과 - 신규 주소의 생성과 성장

Cong, Karolyi, Tang, Zhao (2022), "Value Premium, Network Adoption, and Factor Pricing of Crypto Assets"

주식시장에서는 매출과 순이익이 늘어나는 기업의 주가가 오르기 마련인데, 암호화폐 세계에서는 어떨까? 주식시장과 마찬가지로 사용자의 수요가 증가하는 코인의 가치가 오르지 않을까?

메트칼프의 법칙Metcalfe's law에 따르면 네트워크의 규모가 증가하면 그 비용은 직선으로 증가하지만, 네트워크의 가치는 사용자 수의 제곱에 비례한다. 즉, 사용자가 10명인 네트워크와 100명인 네트워크의 가치는 10배가 아니라 100배 차이가 난다. 이 법칙이 틀렸다고 주장하는 사람도 많고, 사용자 수가 10배가 된다고 해서 과연 네트워크 가치가 100배나 증가할지 나도 좀 의심쩍긴 하지만, 사람들이 더 많이 쓰는 코인의 가치가 증가한다는 것을 부인할 사람은 없을 것이다.

구체적으로 이를 코인시장에 적용해 보면 '신규 주소의 수가 증가'하는 코인의 수익률이 높을 수 있다. 신규 주소가 많아지면 사용하는 사람들이 많아지고 네트워크 효과가 커질 것이다. 이를 실제로 계산한 논문이 있는데, 결과는 아래 표와 같았다. 이 논문에서는 '전체 신규 주소의 성장률'과 '실제로 코인이 들어 있는 신규 주소(Address with Balance)의 성장률'을 구분했는데, 이 중 당연히 후자가 더 좋은 요소다. 내용물이 전혀 없는 주소의 성장률보다는 코인이 얼마라도 들어 있는 주소의 성장률이 더 유의미하다.

■ 사이즈 지표

| 주소 성장률 | 1분위(낮음) | 2분위 | 3분위 | 4분위 | 5분위(높음) | 높음-낮음 |
|---|---|---|---|---|---|---|
| 주간 수익률(%) | 0.8% | 1.3% | 1.5% | 1.8% | 4.8% | 4.0% |

신규 주소 성장률이 높았던 상위 20% 코인의 주간 수익률이 하위 20% 코인보다 월등히 높았다. 아쉽게도 이 논문에서는 2020년 이전 데이터만 반영했기에 이 내용이 2021년 이후에도 맞는다는 보장은 없다.

Liu, Tsyvinski, Wu (2021), "Accounting for Cryptocurrency Value"

주식시장에는 시가총액을 순이익으로 나눈 주가수익비율(PER)이라는 지표가 있다. 투자자들은 이 지표를 보고 주식이 고평가 또는 저평가되었는지 가늠해 볼 수 있다.

이 논문의 저자들은 코인의 신규 주소 수와 코인 가치가 밀접한 연관이 있다고 주장했다. 실제로 비트코인과 이더리움의 가격을 보면 신규 주소 수를 밀접하게 따라가는 것을 볼 수 있다. 저자들은 심지어 신규 주소가 코인 가격에 미치는 영향이 순이익이 주식 가격에 미치는 영향보다 더 크다고 주장했다(입증은 논문에 나와 있으며 여기서는 생략한다).

■ 비트코인 가격과 신규 주소 변화

출처: Liu, Tsyvinski, Wu (2021).

■ 이더리움 가격과 신규 주소 변화

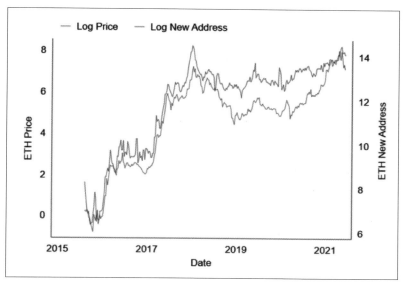

출처: Liu, Tsyvinski, Wu (2021).

이에 저자들은 PANR(Price-New Address Ratio, 시가총액/신규 주소 수)라는 지표를 만들었다. 이들은 2018년 2월부터 2021년 6월까지 127개 코인의 온체인(On-Chain) 데이터를 분석해서 PANR 상·하위 코인의 수익을 분석했는데 결과는 다음과 같다. 참고로 온체인이란 블록체인 위에 기록되는 것을 말한다.

■ PANR 지표(2018.2~2021.6)

| PANR | 1분위<br>(낮음) | 2분위 | 3분위 | 4분위<br>(높음) | 높음-낮음 |
|---|---|---|---|---|---|
| 주간 수익률(%) | 1.5% | 0.8% | 0.6% | −0.4% | 1.9% |

PANR가 낮은 코인은 생성 주소 대비 시가총액이 낮은 '저평가된' 코인이고, PANR가 높은 코인은 생성 주소 대비 시가총액이 높은 '고평가된' 코인이다. 실제로 저자들이 분석한 구간에서는 PANR 하위 25%의 저평가된 코인의 수익률이 상위 25%보다 더 높았다.

이 논문도 분석한 구간이 좀 짧아서 아쉽긴 하다. 2021년 이후에도 이 전략이 통하는지 추가로 분석할 필요가 있다. 저자들이 코인 온체인과 가격 데이터를 글래스노드**glassnode.com**라는 사이트에서 가져왔다고 하니 거기를 찾아가 보라!

### 가치 지표

Cong, Karolyi, Tang, Zhao (2022), "Value Premium, Network Adoption, and Factor Pricing of Crypto Assets"

앞의 '펀더멘털 지표'에서 소개한 논문으로 온체인 거래 수/시가총액, 총 주소 수/시가총액, 코인이 들어 있는 주소 수/시가총액 지표를 분석했으며 결과는 다음과 같다. 시가총액 대비 거래가 많고 주소가 많은 코인이 저평가된 코인일 것이다.

■ 코인이 실제로 들어 있는 주소 성장률과 주간 수익률(2014~2020년)　　(단위: %)

| 지표 | 1분위<br>(낮음) | 2분위 | 3분위 | 4분위 | 5분위<br>(높음) | 높음-낮음 |
|---|---|---|---|---|---|---|
| 온체인 거래 수/<br>시가총액 | 1.1 | 2.8 | 1.4 | 1.7 | 2.6 | 1.5 |
| 총 주소 수/<br>시가총액 | 2.3 | 1.6 | 2.9 | 1.6 | 1.8 | −0.5 |

| 코인 있는 주소/<br>시가총액 | 2.1 | 1.7 | 2.6 | 1.8 | 1.4 | −0.8 |
|---|---|---|---|---|---|---|

　세 지표 중 시가총액 대비 온체인 거래가 많은 상위 코인은 수익률이 높았는데, 총 주소 수와 코인이 들어 있는 주소 수는 수익률에 큰 영향을 주지 못했다. 아니, 좀 전에 한 얘기와 다르지 않느냐고?

　신규 생성 주소의 성장, 시가총액 대비 신규 생성 주소의 수는 수익률에 영향을 미치지만, 총 주소 수는 별로 중요하지 않다. 즉, 최근 주소 수가 폭발적으로 늘고 그것이 아직 시가총액에 반영되지 않은 코인이 좋은 코인이다!

### 윌리 우의 NVT 지표

　코인계에서 가장 널리 알려진 가치 지표는 2017년 윌리 우**Willy Woo**가 만든 NVT 지표다. 나는 이 지표가 '코인계의 PER'라고 주장하는 사용자들을 여럿 봤다. 위 논문의 저자는 PANR가 코인계의 PER이라고 주장하는데, 누가 맞을까? 여러분이 직접 판단하기를 바란다.

**NVT = 시가총액/거래량**

　NVT는 코인의 시가총액을 거래량으로 나눈 값이다. 거래량이 높다는 것은 코인을 사용하는 사람이 많다는 것을 의미한다. NVT가 높으면 코인의 시가총액 대비 거래량, 즉 사용하는 사람이 적다는 뜻이니

코인이 고평가되었음을 의미하고, NVT가 낮으면 거래량이 높으므로 코인의 시가총액 대비 사용하는 사람이 많다는 뜻이니 코인이 저평가 되었음을 의미한다.

월리 우의 홈페이지 **charts.woobull.com**에 가면 비트코인의 역사적 NVT 를 분석할 수 있다. 저자는 NVT가 최근 평균보다 하락하면 비트코인을 매수하고, 최근 평균보다 상승하면 비트코인을 매도하라고 권장한다.

■ **비트코인의 NVT(2012~2023년)**

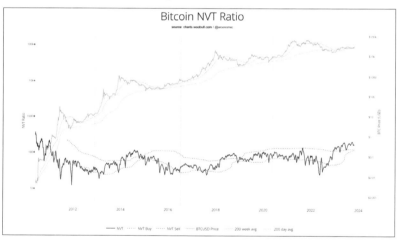

출처: charts.woobull.com.

## 뉴스

Filillpou, Nguyen, Viswanath-Natraj (2023), "Fundamental Sentiment and Cryptocurrency Risk Premia"

이 논문의 저자들은 전 세계 47개 신문에 게재된 코인 뉴스를 자동으로 분석해서 그 뉴스가 코인 가격에 좋은 영향을 미치는지, 나쁜 영향을 미치는지 분석하는 'BERT' 모델을 사용하여 어떤 코인이 뉴스에 민감하게 반응하고, 어떤 코인이 덜 민감하게 반응하는지를 분석했다. 저자들은 뉴스 민감도가 높은 코인의 평균 수익률이 코인 민감도가 낮은 코인보다 월등히 높다는 사실을 입증했다. 이 BERT 모델은 일반인이 만들 수 없다! 하지만 만약 당신이 훌륭한 개발자라면 한번 도전해볼만 하다.

Thanh, Tuan, Chu, Xuan (2023), "ChatGPT, Twitter Sentiment and Bitcoin Return"

트위터에는 수많은 투자 고수들이 의견을 남긴다. 그들의 감정 sentiment을 코인 투자에 활용한 것을 다룬 논문은 여럿 존재하는데, 이는 코인 전문가들이 남기는 트윗의 긍정/부정 성향이 코인 가격에 영향을 미친다는 것을 뜻한다. 또한 트위터상의 코인 관련 언급 양이 코인 수익률에 영향을 준다는 논문도 있다. 놀랍게도 코인 수익률과 트위터를 연관 지으려는 논문들이 매우 많았다! 심지어 트럼프 전 대통령이나 일론 머스크의 코인 관련 트윗과 가격 변화를 분석한 논문도 있었다.

이 최신 논문에는 저자들이 2021~2022년 코인 주요 인플루언서 50명의 트윗을 크롤링해서 GPT 3.5로 분석했더니 GPT가 트윗의 긍정/부정 여부를 꽤 잘 알아차리기 때문에, 이를 통해 거래했다면 돈을 벌수 있었을 거라는 내용이 소개되어 있다.

나는 이 논문을 보고 "GPT4나 향후 나올 GPT5를 활용해서 코인 투자를 하면 더 위력적일 것 같은데?"라는 생각이 들었다.

코인시장에서 자기만의 전략을 만들고 싶은 독자여! 지금까지 상당히 많은 아이디어를 전해 주었다. 내가 소개한 논문과 관련한 데이터를 다운받아 내용이 맞는지 백테스트를 해보고, 논문 내용이 맞다고 판단되면 자동매매 봇을 만들고 실행해서 부자가 되어보자! 무운을 빈다.

…라고 썼는데, 대부분의 독자들이 어디서 무슨 데이터를 다운받고 자동매매 봇을 어떻게 만드는지 감조차 잡지 못할 것이다.

그래서 내가 10장에서 잠시 언급한 '퀀터스(quantus.kr)' 사이트에서 코인 전략을 만들고, 백테스트를 하고, 그 전략을 사용해 자동매매하는 소프트웨어를 개발할 예정이다. 개발이 완료되는 시기는 2024년 4월 정도로 예상되며, 유료 소프트웨어인데 이 책 뒷부분에 무료체험이 가능한 쿠폰을 첨부했으니 참고하기 바란다. 참고로 나는 퀀터스의 2대 주주임을 밝힌다.

BITCOIN

이 장에서는 내가 실전에서 어떻게 투자하는지 자세히 설명하고, 지금까지 소개한 이 간단한 투자 전략을 실전에서 왜 적용하기 어려운지 그 이유를 알려줄 것이다.

# PART

## 4

# 투자의
# 이론과 현실

# 17

## 나의 실전투자

# 코인 1~6차 매수

이쯤에서 내가 어떻게 투자하는지도 공개해야 옳겠지? 나는 이미 내 투자 행위 + 계좌를 내 유튜브 채널(할 수 있다! 알고 투자)에 수시로 공개한 바 있다.

## 1차 매수: 비트코인, 이더리움 6,730만 원 매수

2023년 4월 15일경 나는 비트코인과 이더리움을 매수하고, 4월 23일에 위의 영상을 올렸다. 최고점 대비 70% 하락한 후부터 관심을 갖되, 그때 매수하면 안 된다고 했으며, 최저점 대비 2배 오르면 매수하는 것이 좋은 타이밍이라고 주장했다.

그렇다면 원칙적으로는 비트코인이 최저점 대비 2배 오른 7월 14일에 첫 매수를 하는 것이 맞는데 왜 저때 벌써 매수를 했을까? 당시 비트코인이 상당히 많이 올라서 2배 돌파가 눈앞에 다가왔기 때문이었다. 그래서 나는 욕심에 눈이 멀어 비트코인을 30,398달러에 0.85개, 이더리움을 2,095.4달러에 12.3개 매수했다(당시 한화로 약 6,733만 원). 결론적으로 7월 14일까지 기다리는 것이 훨씬 현명했다.

■ 1차 매수 구간(4.15)

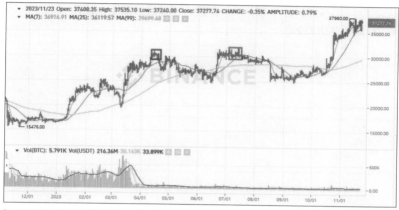

* 조급한 마음에 원래 매수했어야 하는 구간(7.14)보다 앞당겨 매수.　　　　　　　　출처 www.binance.com.

이때 가격이 오르면 추가로 매수하고, 리스크 관리를 위해 손절 폭은 50%로 잡는 대신 총 자산의 5% 미만으로 투자할 것이라는 계획도 밝혔다(이 경우 총 자산 대비 최대 손실률은 2.5%).


## 2차 매수: 비트코인 8,400만 원 추가 매수

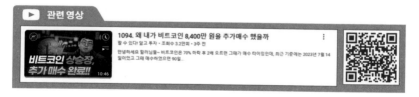

내가 4월에 매수한 후 6개월 동안 횡보장을 겪던 비트코인은 10월 23일 크게 상승하며 4~10월의 전고점(약 31,500달러)을 뚫었다. 이에 33,600~33,800달러 구간에서 1.84개를 추가로 매수했다(당시 한화로 약

8,400만 원).

■ 2차 매수 구간(10.24)

출처 www.binance.com.

　트레이딩의 신으로 불리는 데이비드 라이언은 "가격이 최근에 움직였던 구간에 고점, 저점을 잇는 선을 그리고, 가격이 고점을 잇는 선을 돌파하면 매수하라. 그리고 거래량도 같이 커지면 금상첨화다"라는 말을 남겼다. 10월 23일에 바로 이 말처럼 모범적으로 고점을 잇는 선 돌파와 거래량 증가가 발생해서 바로 그다음 날 매수를 결정했다. 이번 타이밍은 지난번보다 훨씬 좋았다. 비트코인은 며칠 만에 37,000~38,000달러까지 상승했다.

　지난 영상에서는 매수 가격에서 50% 하락하면 손절한다고 했는데, 이번에는 손절 가격을 전 박스 하단인 25,000달러로 상향 조정했다. 그리고 만약 최악의 경우 비트코인이 25,000달러까지 떨어지면, 투자한 금액이 총 자산 대비 2.5% 정도니까 총 자산 대비 0.6% 정도 잃을 것이라고 밝혔다.

## 3차 매수: 이더리움 8,300만 원 추가 매수

11월 10일에는 이더리움이 세계 최대 자산운용사 블랙록의 현물 ETF 신청에 힘입어 크게 급등했다. 이에 11월 11일 2,085달러에 이더리움을 30개 추가 매수했다(당시 한화로 8,300만 원).

■ **3차 매수 구간(11.11)**

출처 www.binance.com.

그런데 이번에도 1차 매수 때처럼 조금 욕심을 부려서 빨리 산 것은 아닌지 고민이 되었다. 분명 11월 10일에 가격과 거래량이 둘 다 큰 폭으로 상승했으나 4월의 전고점을 뚫지는 못한 상태였다. 다행히도 이더리움은 좀 더 상승해서 2,400달러를 뚫었으며 2024년 1월 1일 기준 2,300달러 정도에 거래되고 있다. 이더리움의 손절가도 전 박스권 하단인 1,500달러로 상향 조정했다.

### 4차 매수: 비트코인 한 개 추가 매수

10월 말 33,600~33,800달러 구간에서 매수한 후 비트코인은 며칠 만에 다시 상승하여 한 달이 좀 넘는 동안 35,000~38,000달러 구간에서 횡보했다. 12월 1일 비트코인은 전고점을 돌파하고 12월 4일, 5일에 큰 상승을 보이며 44,000달러를 돌파했다. 이것도 돌파로 볼 수 있을까? 지난 돌파 후 시간이 너무 적게 지나간 것은 아닐까? 좀 헷갈렸다. 그래서 최근《돌파매매 전략》을 펴낸 공동저자인 김대현 선생님께 도움을 청했다.

김대현 선생님이 차트를 연구하고 주신 의견은 그 앞 베이스와 합쳐서 '베이스 온 베이스(Base on Base)'를 만든 것처럼 보인다는 것이었다. 《돌파매매 전략》본문 147쪽에 보면, "돌파에 성공한 주식은 대개 20%

상승하는데, 이때 주가는 소강상태에 들어가면서 직전의 베이스 위에 새롭게 베이스를 형성한다. 이는 강력한 추세가 살아 있음을 나타내는 신호다. 이와 같은 경우에는 비교적 짧은 3주 베이스에서도 돌파매매가 가능하다"라는 내용이 있다. 다음 그림을 참고하기 바란다.

■ 베이스 온 베이스 '돌파매매 전략'

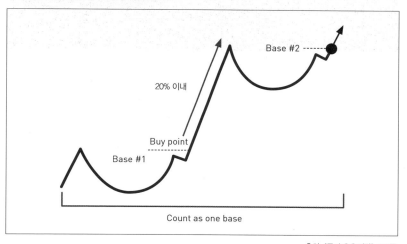

출처: 《돌파매매 전략》, 149쪽.

이를 실전에 적용하면 어떻게 될까? 다음 차트에서 보듯 비트코인은 4~10월까지 횡보하다가 10월 말 전고점 돌파에 성공했다(내가 매수한 시기다). 그 후 오른쪽에 빨간색 네모로 표시한 11월 중후반 부분이 '베이스 온 베이스'처럼 보인다는 의견이었다. 결론적으로 고점을 돌파한 12월 1일이나 큰 폭으로 상승한 12월 4일에 매수하는 것이 맞았다. 그래서 좀 늦긴 했지만 12월 9일 44,150달러에 매수를 강행했다.

■ 베이스 온 베이스 이론 실전 적용

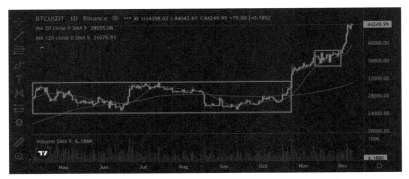

출처: www.binance.com.

### 5차 매수: 듀얼 모멘텀 전략에 따른 알트코인 매수

나는 다음 영상을 통해 대중에게 코인 듀얼 모멘텀 전략과 실현 방법을 설명했다. 시가총액 1~20위 코인 중 최근 7일간 가장 많이 오른 3개 코인에 투자하는 전략이다. 11장에서 상세히 설명했으니 다시 다루지는 않겠다.

### 6차 매수: 젤리트레이더 사용하기

나는 보통은 내가 사용할 전략을 직접 개발하지만 다른 사람이 만든 전략도 괜찮으면 활용하기도 한다. 퀀트 자동매매 플랫폼인 'Zelly

Trader'의 전략을 활용해서 투자하고 있다(https://zellytrader.com).

2023년 12월 20일부터 1만 USDT를 투자해서 약 25일 동안 15% 정도 수익을 얻은 후 2024년 1월 15일 3만 USDT를 증액하였고, 2월 2만 USDT를 증액해서 총 6만 USDT를 투자했는데, 3월 17일 현재 99,100 USDT로 증가한 상태다. 매우 만족스럽다!

젤리트레이더 투자 전략에 대한 상세한 내용은 뒤 페이지 영상을 참고하기 바란다. 만약 이 플랫폼을 사용할 생각이 있으면 저 영상의 고정댓글도 꼭 읽기 바란다. 젤리트레이더 관련 몇 가지 리스크가 언급되어 있다. 나는 그중 거래소 리스크가 가장 크다고 보는데, 그렇기 때문에 나는 사용하지만 아직 남에게 추천할 수는 없다고 생각한다.

"아니, 자기만 돈 벌고 남은 사용하지 말라는 것인가?"라고 하는 사람이 있을 수도 있다. 내가 젤리트레이더를 통해 투자하는 10만 USDT 정도는 나에게는 자산의 극히 일부분일 뿐이다. 그래서 거래소 리스크 등 젤리트레이더의 리스크를 감수할 수 있다고 본다(최악의 경우 다 날려도 자산의 일부분일 뿐이기에). 그러나 젤리트레이더의 기술지원을 받으려면 최저 5만 USDT가 있어야 하는데, 이는 대부분 투자자들에게 큰 금액일 것이다. 따라서 나는 젤리트레이더를 사용하지만 남에게는 추천하지 않고 있다.

그렇다면 굳이 이 내용을 책에 언급한 이유가 뭘까? 나는 내가 직접 하는 암호화폐 투자를 이 책의 독자 및 유튜브 구독자와 최대한 투명하게 공유하려 한다. 그게 이 책과 내 유튜브의 경쟁력이다.

## 자산배분 수정

코인은 2023년 10월부터 오르기 시작했으며 2024년 2월부터 상승에 가속도가 붙어서 3월 초에 역대 최고가를 돌파했다.

4장에서 언급했듯이 역대 최고가 돌파 후에 비트코인은 1년 정도 추가로 상승하는데, 알트코인의 상승 폭은 훨씬 더 크다. 이때까지 나는 코인 자산의 70% 정도를 비트코인과 이더리움에 투자하고 나머지를 알트코인에 투자하고 있었는데, 역대 최고가 돌파 후 알트코인 비중을 키워야 할 필요를 느꼈다.

이에 내가 만든 자산배분은 아래와 같다.

| 비중 | 대전략 | 세부전략 | 세부전략 비중 |
|---|---|---|---|
| 50% | 비트코인/이더리움 | | |
| | | 비트코인(매수 + 보유) | 60% |
| | | 이더리움(매수 + 보유) | 40% |
| 50% | 알트코인 | | |
| | | 젤리트레이더 | 40% |
| | | 알트코인 듀얼 모멘텀 | 20% |

| | | 섹터 듀얼 모멘텀 | 20% |
|---|---|---|---|
| | | AI 코인 매수(매수 + 보유) | 20% |

① 비트코인, 이더리움은 2025년까지 보유할 것이다.

② 젤리트레이더: 바로 위에 설명했다.

③ 알트코인 듀얼 모멘텀: 시가총액 20위 코인 중 최근 7일간 가장 많이 오른 3개 코인을 매수하는 전략(11~12장에서 설명)

④ 내가 괜찮다고 생각하는 섹터 중 최근 7일간 가장 많이 오른 코인 3~4개를 매수하는 전략

**■ 내가 유망하다고 생각하는 섹터(코인마켓캡 섹터명)**

| 섹터명(영문) | 섹터명(한국어) |
|---|---|
| AI & Big Data | AI, 빅 데이터 |
| Generative AI | 생성형 AI |
| Meme | 밈코인 |
| Gambling | 도박 |
| Real World Assets | 실물자산토큰화 |
| Gaming | 게임 |
| NFTs & Collectables | NFT, 수집품 |

왜 이 섹터가 유망하다고 생각하느냐고? 별다른 근거는 없고, 내 돈이니까 내마음이다. 그리고 이 섹터에 속한 코인이 장기적으로 부진하면 나는 언제든지 새로운 섹터로 갈아탈 가능성을 열어 둔다. 모멘텀이 떨어진 섹터는 더 이상 유망한 섹터가 아니기 때문이다!

⑤ 2023년 챗 GPT 등장 이후 대세는 AI! 따라서 AI 코인 4개(WLD, FET, AGIX, ARKM)를 매수해서 2025년까지 들고 갈 생각인데, 이 중 나머지 3개보다 월등히 많이 오르는 '대장코인'이 나오면 그 코인의 비중을 늘릴 것이다.

▶ 관련 영상

**1194. 새로워진 강환국 작가의 코인 투자 전략은?** ✨
할 수 있다 알고 투자 · 조회수 16만회 · 7일 전
[1차 론칭특가 마감] 강환국 작가의 유일한 코인강의 [바로 써먹는 코인투자 실전반] : https://us-campus.co.kr/products/academy190 ●많은 성원 주심에 따라...

## 월간 투자 결과

나는 매월 나의 투자 결과와 바이낸스 계좌를 '할 수 있다! 알고 투자' 채널에서 공개하고 있다. 지금까지 공개한 영상은 아래와 같다. 첫 매수 후에도 957번 영상에서 공개한 바 있다. 앞으로도 매월 비슷한 영상을 유튜브에 공개할 예정이다.

▶ 관련 영상

**1083. 10억 단위로 갑니다, 강환국의 9월 포트폴리오 공개!**
할 수 있다 알고 투자 · 조회수 2.5만회 · 5개월 전
안녕하세요 할러님들! 오늘은 9월 포트폴리오에 대해 공개했습니다. 앞으로도 규칙 투자인 퀀트 특성에 맞춰 룰을 바꾸지 않고 꾸준히 투자를...

▶ 관련 영상

**1100. 강환국, 100만 달러 포트폴리오 공개!**
할 수 있다 알고 투자 · 조회수 1.8만회 · 4개월 전
저와 함께하는 유일한 실전 투자 스터디 모집을 시작했습니다. ■ https://us-campus.co.kr/product/ac... ●십일사천국 단톡 론칭 3만원 혜택이 있으니...

1123. (11월 계좌) 강환국이 시장 전망 다 틀리고도 6000만 원 번 이...
할 수 있다 알고 투자 · 조회수 1.9만회 · 3개월 전
안녕하세요 할러님들~ 강환국입니다. 오늘은 11월 저의 계좌와 투자 현황을 공유해 드렸는데요! 좋...
되었으면 합니다, 여러분들의...

1145. 12월에도 6,900만원 벌었어요 ㅎ (퀀트 투자 만세)
할 수 있다 알고 투자 · 조회수 2.5만회 · 2개월 전
'저와 함께하는 유일한 실전 투자 스터디에 초대합니다' https://us-campus.co.kr/product/academy169 ※연초
별 3만원 혜택가가 있으니 꼭 적용하시길 바랍니...

1169. 1월 계좌 공개! 역시 짝수 해는 어렵다
할 수 있다 알고 투자 · 조회수 1.6만회 · 1개월 전
안녕하세요 할러님들~ 할러님들 설문조사 결과가 나날이 경이로워집니다. 오늘 내용이 유익하셨다면 알고리
즘을 위해 고정 댓글의 '좋아요'...

1193. 2월 한달 동안 코인으로 xx억 벌었습니다.
할 수 있다 알고 투자 · 조회수 5.2만회 · 7일 전
[1차 온징특가 마감] 강환국 작가의 유일한 코인강의 [바로 써먹는 코인투자 실전반] : https://
campus.co.kr/products/academy190 ※많은 성원 주심에 따라...

# 미래 계획(2024.3.9 기준)

나의 현재 계획은 '자산배분 수정'에서 설명한 바와 같은데, 미래에 사용할 전략은 상황에 따라 변할 수 있다.

① 상승장 끝무렵에는 비트코인보다 알트코인의 수익률이 높으므로 비트코인, 이
　 더리움의 비중을 더 줄이고 알트코인 비중을 키울 가능성이 크다.
② 지금 듀얼 모멘텀과 비슷한 추세추종 전략을 여럿 연구하고 있는데, 그중 유망
　 한 전략이 있으면 그 전략으로 갈아탈 수도 있다.
　 – 예를 들면, 최근 7일간 가장 많이 오른 코인을 7~14일간 보유하는 것보다 최
　 　근 1일간 가장 많이 오른 코인을 3일간 보유하는 것이 더 유력할 수도 있다.

이렇게 2024년에는 돈을 버는 데 집중하고 2025년 초부터 코인 투자 비중을 줄이면서 2025년 4~10월에 모든 코인을 처분할 계획이다. 구체적으로 내가 제시한 여섯 가지 매도 방법 중에서 어떤 방법을 사용할지는 아직 정하지 않았다.

# 18

## 투자 심리

# 투자로 돈 버는 것을 가로막는 다양한 심리기제

이제 비트코인 투자에 대한 기술적인 설명은 모두 끝났다. 그러나 여기까지 버틴 독자들을 위해 가장 중요한 장을 남겨 두었다. 바로 투자 심리다.

이 책을 보면 코인으로 돈 버는 것이 별로 어려워 보이지 않는다. 실제로도 별로 어렵지 않다. 그냥 이 책에 나오는, 초등학교만 졸업하면 누구나 따라 할 수 있는 간단한 전략 정도만 장기적으로 사용하면 된다. 그런데 도대체 왜 대부분의 사람들이 코인에 투자했다가 실패를 맛보는 것일까? 왜 가정이 파탄 나고 한강에 뛰어드는 코인러가 이렇게 많을까? 왜 코인으로 부자가 되었거나, 부자가 된 후 부를 지킨 사람을 찾기가 그리 어려운 것일까?

**별다른 이유는 없다. 우리가 마인드 컨트롤이 안 돼서 그런 것이다!** 인류는 수백만 년 동안 진화하면서 놀라운 업적을 쌓았다. 그러나 수없이 진화를 거듭하며 **우리 두뇌는 투자를 하면 돈을 잃도록 최적화되었다!** 그러므로 당신이 정상적인 인간이라면 투자하면 할수록 수렁에 빠지고 돈을 잃는 것이 정상이다.

조금 위로가 되는가? 투자할 때마다 연전연승해 당신이 부러워했던 김 과장, 그 사람은 두뇌가 이상한 사이코패스, 소시오패스, 돌연변이고 당신은 정상인이다! 당신은 정상적인 지능을 지녔으며, 가족과 정상적으로 사회활동을 하면서 행복을 느낄 것이다. 그러나 투자는 하면 할수록 꼬일 것이다. 어쩔 수 없다. 그 수렁에서 벗어나려면 왜 정상인이 투자하면 망하는지, 어떤 식으로 살짝 비정상적으로 변해야 성공할 수 있는지 알아야 한다.

명심하라! 정상인은 투자로 돈을 벌 수 없다!

그런데 도대체 왜 그럴까? 여기에는 몇 가지 심리적인 기제가 있다.

## 손실 회피 편향

스마트폰의 코인 앱을 열어보면 아마도 한숨이 나올 것이다. -80%부터 -98%까지 매우 큰 손실률을 기록 중인 코인들 수십 개가 사이좋게 당신에게 인사를 건넬 것이다. 그리고 당신은 그 코인이 본전을 만회하기 전에는 절대 팔지 않을 것이다. 물론 이 코인들의 가격이 다시 본전까지 올라오지 않을 거라는 건 나도 알고 전 세계가 다 안다. 사실 당신도 무의식적으로는 알고 있으나 그 사실을 인정하기는 싫다. 그러므로 이 코인들은 평생 당신과 같이 사는 '반려코인'이 될 것이다.

원시시대에는 먹을 것을 들고 가다가 빼앗기면 당사자와 가족이 사망에 이를 수 있었다. 워낙 가진 것이 없는 사회였기 때문이다. 즉, '손실'이 '죽음'을 의미할 수 있었다. 요즘은 코인에 투자하다가 손실이 나도 대부분의 경우 돈은 잃어도 의식주를 위협받을 만한 상황은 어지간하면 발생하지 않는다. 그러나 우리에게는 '손실 = 죽음'이라는 등식이 깊게 각인되어 있어서 손실을 확정 짓는 것이 죽는 것처럼 싫다. 이런 이유로 수많은 투자 책에서 제때 손절하라고 누누이 말하는데도 그걸 제대로 실천에 옮기는 사람이 없는 것이다. 대부분의 투자자에게는 누가 봐도 별 볼일 없는 주식이나 코인일지라도 본전을 회복할 때까지 안

파는 것이 당연하다!

　당신이 만약 듀얼 모멘텀 전략을 실행한다면 매주 코인 3종을 교체해야 한다. 그런데 백테스트 결과에서 봤듯이 이 전략이 수익을 내는 주간도 있고 그렇지 않은 주간도 있는데, 10주간 투자하면 평균적으로 4주는 쓴 손실을 맞볼 것이다. 그런데 손실 회피 편향에 빠진 사람은 손실이 난 주간에는 이 핑계, 저 핑계 대면서 손실이 난 코인을 교체하지 않을 가능성이 있다. 그냥 무심하게 전략을 따르면, 즉 이번 주에 손실이 난 코인을 팔고 그냥 최근 1주일에 가장 많이 오른 코인으로 대체하면 돈을 계속 벌 수 있다는 것을 아는데도 말이다! 그리고 그 코인이 계속 떨어져서 -40%, -60%, -80%, -95%가 되어도 본전을 고집하면서 팔지 못한다.

### 처분 효과 편향

이런 대화를 많이 들어 봤을 것이다.

꼰대: 내가 IMF 직후에 삼성전자 주식을 샀어! 그때 삼성전자 주식이 얼마였는 줄 알아? 그 후로 100배 올랐다고!
젊은이: 와, 부럽습니다. 돈 많이 버셨겠네요, 어르신.
꼰대: 에헴, 근데 그때 20% 벌고 팔았지.
젊은이: (역시 그럴 줄 알았어. 저 꼰대!) 아이고. 안타깝네요, 어르신!"

처분 효과 편향은 손실 회피 편향의 친구라고 할 수 있다. 손실을 확정 짓는 것이 죽는 것처럼 싫은데, 만약 수익을 내던 자산이 손실로 넘어가면 얼마나 자괴감이 들겠는가? 코인을 1만 원에 샀는데 8,000원으로 떨어지면 짜증이 나지만, 1만 원에 샀던 코인이 1만 2,000원으로 올랐다가 그 후 8,000원으로 떨어지면 더, 더, 더 짜증이 난다. 그래서 대부분의 사람들은 그 코인이 1만 2,000원으로 오르면 그냥 팔아서 수익을 확정 짓는다. 그러고서 그 코인이 10만 원까지 오르면 땅을 치고 후회한다.

이 책에서 가장 무식한 전략 - 비트코인을 사서 2025년 4월까지 보유하는 전략 - 만 써도 아마 몇 배는 벌 수 있을 것이다. 하지만 실제로 그렇게 해서 돈을 버는 투자자는 드물다. 대부분의 투자자가 2025년 4월은커녕 처분 효과 편향 때문에 20~30% 오르면 코인을 팔아 치울 테니 말이다!

## 투자의 유일한 진리와 이를 망치는
## 손실 회피 편향 + 처분 효과 편향

•

앞에서 언급한 투자의 유일한 진리가 기억나는가? 바로 '수익은 길게, 손실은 짧게'다. 코인 투자를 하다 보면 고수든 하수든 수익을 보는 경우도 있고 손실을 보는 경우도 있다. 사는 코인마다 다 오르는 미다스의 손도 존재하지 않고, 사는 코인마다 전부 다 떨어지는 마이너스의 손도 존재하지 않는다. 그런데 왜 소수만 코인 투자로 돈을 벌고 대다수는 돈을 잃을까?

고수는 '수익 나는 코인에서 많이 벌어서 수익을 길게, 손실 나는 코인에서 덜 잃어서 손실을 짧게' 운영하는데, 대다수의 인간은 손실 회피 편향 때문에 잃을 때 크게 잃고 처분 효과 편향 때문에 수익을 얻을 때 작게 얻는다. 다시 말하면, 투자의 진리는 '수익은 길게, 손실은 짧게'이나 대부분의 투자자에게는 '수익은 짧게, 손실은 길게'인 것이 현실이다.

아마 이 내용을 읽은 투자자라면 "아니, 강환국이 나를 어떻게 알지? 꼭 내 얘기를 하는 것 같네?"라며 놀랄 것이다. 나는 당신이 어떤 사람인지는 모르지만 투자자의 99%가 당신처럼 투자한다는 것은 안다. 다시 한번 말하지만, 당신이 손실 회피 편향과 처분 효과 편향을 벗어날 수 없는 이유는 정상인이기 때문이다.

## 과잉 확신 편향

일반적으로 "당신의 운전 실력은 평균 이상입니까?"라고 질문하면 약 85%가 "그렇다"라고 대답한다고 한다. 평균 이상 실력을 보유한 운전자는 50%밖에 안 되는데도 말이다! 이렇게 사람들은 대부분 자신의 능력은 상대적으로 과대평가하고 남의 능력은 과소평가한다.

이것도 원시시대에서 뿌리를 찾을 수 있는 편향이다. 어떤 부족에 사냥꾼 셋이 있었는데, 한 사냥꾼은 능력이 뛰어나고 나머지 둘은 능력이 그저 그렇다고 가정해 보자. 능력 있는 사냥꾼은 출중한 사냥 능력 덕분에 배도 부르고, 가족에게 사랑받으면서 행복하게 살 것이다. 문제는 능력이 그저 그런 사냥꾼 둘이다. 그들은 허탕 치고 집으로 돌아온 후에 어떻게 행동할까?

그저 그런 사냥꾼 A: 다 잡은 사냥감을 놓치다니! 나같이 무능력한 놈이 살아갈 이유가 있을까? 에휴!

그저 그런 사냥꾼 B: 제길! 다 잡은 사냥감을 놓치다니! 정말 운이 안 좋았어. 창을 막 던지려던 그 순간 하필 미끄러질 게 뭐람? 하지만 이건 내 능력이 떨어져서가 아니라 운이 안 좋았을 뿐이야. 내일 다시 나가서 한 마리 잡아와야지!"


A는 본인 능력에 대한 객관성은 더 높지만, 아마도 우울증과 무기력증에 빠져서 시름시름 앓다가 죽을 가능성이 크다. 반대로 B는 본인의 능력에 대한 성찰은 부족하지만, 일단 다음날 다시 사냥하러 나갈 테니 생존 가능성은 A보다 훨씬 높다.

우리는 모두 사냥꾼 B의 후손이다. A는 우울증에 걸려 일찍 죽어서 많은 후손을 남기지 못했기 때문이다. 그래서 우리는 지금도 자신의 능력을 과대평가하면서 살아간다.

일상생활에서는 이렇게 자기 잘난 맛(?)에 사는 것이 나쁜 것은 아니다. 다들 자신감 넘치는 사람들을 좋아하고, 그런 사람들이 인생에서 더 성공한다는 연구 결과도 여럿 있다. 그러나 이런 과다한 자신감이 투자에서는 치명적인 약점이 된다. 대부분의 투자자가 본인의 투자 실력과 성과가 형편없으면서도 자기가 잘난 줄 알고 자기 판단만 믿고 투자하기 때문이다! 매달, 매년 번번이 잃으면서도 말이다. 다 함께 한번 깊게 생각해 보자. 돈을 벌 수 있는 전략을 만들기 위해 객관적으로 백 테스트를 한 번이라도 해봤는지, 아니면 그냥 본인의 감에 의존해서 투자했는지.

게다가 본인의 판단에 대한 확신이 강하면 위험한 투자에 빠져들 가능성이 높다. 이 책에서 나는 자산의 일부만 코인에 투자하라고 누누이 강조했다. 그러나 사람들은 대부분 자기가 투자로 돈을 벌 것이라고 확신하면 자산의 일부가 아니라 전체, 아니면 아예 레버리지를 사용해서 자산의 몇 배를 코인에 투자하는 것이 맞는다고 여긴다. 실제로 수많은 투자자들이 너무 크게 베팅하는 바람에 자산을 탕진하곤 한다.

## 통제 환상 편향

그냥 이 책을 사서 내가 시키는 대로(?) 하면 부귀영화까지는 몰라도 매우 높은 확률로 돈을 벌 수 있을 것이다. 그런데 이 책을 읽은 사람들 중 95%는 그렇게 하지 않으리라는 것을 나는 잘 안다. 이는 과잉 확신 편향과도 연관이 있는데, 사람들이 대부분 자기가 어떤 과정에 개입하면 결과가 좋아질 것이라고 믿기 때문이다(자기는 잘났으니까!).

아마 직장에 다닌 경험이 있다면 이런 경험을 많이 해봤을 것이다. 직원들은 알아서 일을 잘하고 있는데 무능한 팀장이 회의를 소집하더니 "이렇게 해, 저렇게 해" 하면서 직원들의 시간을 빼앗고 업무에 개입하는 경험 말이다. 물론 그 팀장은 본인이 업무에 개입하면 결과가 더 나아질 것이라고 믿어서 그 회의를 소집한 것이다.

이렇듯 사람들은 대부분 레시피를 따르는 퀀트 전략을 싫어하고, 만약 퀀트 전략을 시작했다고 해도 본인이 개입하는 경우가 많다. 전략에 개입하는 것이 맞을 때도 있고 틀릴 때도 있는데, 맞을 경우 "역시 저딴 전략보다 내 판단이 옳았어!"라는 확신을 갖게 되어, 이미 검증된 훌륭한 전략을 버리고 본인의 감에 따라 투자하게 될 가능성이 높다. 매년 본인의 감대로 투자해서 번번이 손실만 봤어도 말이다(그런데도 불구하고 과잉 확신 편향 때문에 대다수가 본인이 뛰어난 투자자라고 믿는다)!

## 확증 편향

사람은 어떤 이유로든 무언가를 믿게 마련이다. 그리고 본인의 믿음을 뒷받침하는 정보가 맞는다고 믿고, 그렇지 않은 정보는 거짓으로 취급하거나 아예 순식간에 망각해 버린다! 사람은 '보고 싶은 것만 보고, 믿고 싶은 것만 믿는' 동물이기 때문이다. 정치관에서 이 확증 편향이 특히 두드러진다. 내가 속한 진영의 정치인이 하는 말을 들으면서 그가 맞는다고 생각하고, 반대 진영의 정치인이 하는 말은 다 틀리다고 생각하는 현상은 아마 성인이라면 누구나 한 번쯤 경험해 봤을 것이다.

우리는 8장에서 코인 가격이 이동평균선 아래일 때는 그 코인을 사면 매우 불리하다고 배웠다. 그렇다면 설사 그 코인 가격이 이동평균선보다 높을 때 매수했다고 해도 가격이 다시 이동평균선 아래로 내려가면 파는 것이 상책이다. 그런데 어떤 이유로든 이 코인이 10배 오를 거라고 믿게 됐다고 치자. 그렇다면 이동평균선 따위(?)가 대수인가? 이 코인은 10배 오를게 확실한데? 그러고는 인터넷을 뒤지며 이 코인이 오른다고 주장하는 정보를 찾아 "옳소!" 하면서 받아들인다. 이 코인이 내린다고 주장하는 정보는 거들떠보지도 않거나, 읽더라도 '아무것도 모르는 멍청한 놈이 만든 엉터리 자료'로 취급한다.

물론 한 번 하락을 시작한 코인 가격은 그 후에도 쭉쭉 빠질 가능성이 크다. 그러나 손실이 누적되더라도 본인은 '코인 가격이 빠진다'는 중요한 정보를 계속 무시하며 본인의 '10배 상승 믿음'에 집착할 가능성이 크다.

### 스토리 > 데이터

사람들은 흔히 스토리텔링에 혹하곤 한다. 반대로 데이터로는 아무리 설명해도 뭔가 '와 닿지' 않는다. 가격이 이동평균선 위에 있는 코인을 사면 다음 주에 오를 확률이 53%이고, 이 전략을 계속 고수하면 기대수익이 연 32%라고 옆에서 아무리 말해 줘도 무슨 말인지 잘 모르겠고 가슴에 와닿지도 않는다. 당신의 MBTI가 F라면 더더욱 그럴 것이다.

반면에 "인공지능을 접목한 스마트 계약을 위한 AI 코인, 올해 말까지 100배 상승 가능"이라는 기사 제목은 어떤가? 제목부터 뭔가 가슴이 웅장해지지 않는가? 지금 비트코인 따위를 샀다가 2025년에 팔아서 서너 배 수익을 내라고 권장하는 강환국의 전략을 따라 하려고 했던 자신이 너무나도 초라하고 하찮게 여겨진다. 이런 전략을 전략이라고 추천한 강환국 이놈도 초라하고 하찮기 그지없다.

게다가 만약 본인이 이미 AI 시대의 도약을 믿고 있고 AI와 관련한 모든 코인이 떡상할 것이라는 믿음을 갖고 있다면? 확증 편향으로 인해 AI 코인의 스토리를 긍정적으로 평가하는 정보만 눈에 들어올 것이고, 저 AI 코인 재단의 도덕성을 의심하거나 사업성 문제를 지적하는 정보는 모두 거짓으로 치부할 것이다. 즉, 대부분의 투자자는 검증된 전략을 따르지 않고 본인이 맞다고 생각하는 스토리를 믿으며, 팩트 체크는 하지도 않은 채 특정 코인에 투자해서 큰돈을 말아먹을 가능성이 크다.

## 권위 편향

대부분의 사람이 스스로 매우 잘났다고 생각하지만(과잉 확신 편향) 잘못된 결정에 대한 책임을 지기는 싫어한다. 투자의 책임을 다른 사람에게 떠넘기는 좋은 방법은 권위 있는 '전문가'의 말을 듣고 투자하는 것이다! 사실 권위 있는 사람의 말을 듣는 것이 늘 틀린 것은 아니다. 몸이 아프면 친구에게 묻기보다 의사에게 가야 훨씬 더 효과적인 처방을 받을 가능성이 크고, 나만 해도 법적으로 문제가 생기면 부모님에게 조언을 구하기보다는 변호사를 찾아갈 것이다.

그런데 알다시피 투자 분야에서는 실력 없는 전문가가 실력 있는 전문가보다 훨씬 많다! 아마도 유튜브를 보고 투자했다가 큰 손실을 경험한 적이 한두 번이 아닐 것이다. 그런데도 많은 투자자가 전문가 말만 듣고 그대로 투자한다. 왜 그럴까? 성공하면 저 전문가를 선택한 본인의 안목을 칭찬할 수 있고, 실패하면 그 책임을 저 나쁘고 무능한 전문가에게 돌릴 수 있기 때문이다. 게다가 이렇게 하면 본인의 자존심에는 상처가 나지 않는다.

"할 일은 많고, 투자 공부는 하기 귀찮고, 저 사람이 나보다 훨씬 더 잘 아는 것 같은데 왜 내가 직접 연구를 해? 그냥 저 사람 말을 듣자!"라고 생각하는 투자자도 의외로 많다. 그 전문가처럼 보이는, 말만 그럴 듯하게 하는 사람의 실력은 검증하지도 않은 채 말이다. 물론 이 방법으로 자존심을 일시적으로 지킬 수 있고, 당장 시키는 대로 하면 되니까 투자하기는 편하겠지만, 장기적으로는 "공부하고 - 투자하고 - 실패도 해보고 - 그에 대한 책임을 지고 - 또 공부하고 - 언젠가 성공하는 것'이 훨씬 더 좋은 방법이다. 물론 이 길을 가는 투자자는 거의 없다.

### 투자 중독

트레이딩, 즉 코인을 사고파는 행위는 진짜 재밌다! 게임도 매번 이기거나 매번 지는 게임은 중독성이 없다. 전자는 시시하고 후자는 짜증 나기 때문이다. 강력한 중독성이 있는 게임은 승리와 패배를 반복하는 게임이다[참고로 나는 이 글을 쓴 날 체스를 63판 둬서 32승 2무 29패를 기록했다. 참고로 이날은 몇 판 안 뒀다. 하루에 200판 넘게 둔 적도 있으니까. 이런 게임이 중독성이 강한 게임이다. 참고로 한판 두고 싶다면 무료 온라인 체스 사이트인 리체스 서버(lichess.org)에 와서 'Kangcfa'에게 도전하라. 나는 체스를 5.5만 판을 둔 고인물이니 찾기 어렵지 않을 것이다].

트레이딩도 체스와 마찬가지로 중독성이 강한 게임이다. 승패가 반복되기 때문이다. 그리고 코인시장은 1년 365일 24시간 열려 있기 때문에 언제든지 원하면 도파민 가득한 스릴을 즐길 수 있다. 문제는 이렇게 자주 거래하면 어마어마한 거래비용이 누적된다는 것이다. 거래소는 우리가 한 번 거래할 때마다 수수료를 뜯어간다. 자주 거래하면서 수수료를 극복할 만큼 수익을 내는 트레이더는 극소수에 불과하다. 그리고 당신은 아마도 그런 트레이딩 엘리트에 속하지 않기 때문에 지금 이 책을 읽고 있을 것이다.

## 결론

지금까지 이야기한 것을 종합해 보면 투자자들은 대부분 다음과 같은 성향을 지닌다.

① **검증된 레시피를 따라 투자하는 것을 꺼린다(통제 환상 편향).**
　　－ 기적적으로, 검증된 레시피를 따라 투자하더라도 중간에 중단한다. 레시피를 따르지 않고 내가 하면 더 잘할 것 같기 때문이다!
② **데이터보다는 어떤 스토리에 혹해서 투자한다(스토리>데이터).**
③ **그 스토리는 어떤 '전문가'가 흘렸을 가능성이 크다(권위 편향).**
④ **그 스토리는 내가 원래 믿었던 테마와 뭔가 일치할 가능성이 높으며, 이 경우 스토리의 팩트를 체크하지 않고 그 스토리가 틀렸다는 의심조차 하지 않는다 (확증 편향).**
⑤ **매수하는 금액이 너무 크다(과잉 확신 편향).**
⑥ **매수 후 가격이 오르면 너무 빨리 판다(처분 효과 편향).**
⑦ **매수 후 가격이 내려가도 손절하지 못한다(손실 회피 편향).**

⑧ 매수 후에도 계속 관련 정보를 찾으며, 내 포지션이 옳다는 근거를 제시하는 정보만 진리로 인정한다(확증 편향).

⑨ 매일매일 퇴근하면, 아니 퇴근 전에도 몰래 코인을 거래한다. 한 번 사서 두 시간 이상 들고 간 적이 거의 없다(투자 중독).

  - 예외: 손실이 발생한 코인(손실 회피 편향)

⑩ 1~9처럼 투자하면서도 내가 투자를 꽤 잘한다고 믿는다(과잉 확신 편향).

혹시 이 내용을 읽고 "강환국이 혹시 내 옆집에 사나? 어떻게 내 상황을 이렇게 잘 알지?"라고 놀랐다면, 당신은 평범한 정상인이라고 위로해 주고 싶다. 대한민국, 아니 전 세계 투자자의 99%가 당신처럼 투자한다! 그러나 지금쯤은 왜 정상인이 투자로 돈을 벌지 못하는지 이해했을 것이다. 아니, 저렇게 투자해서 돈을 버는 게 오히려 기적이 아닐까?

## 그렇다면 대응책은?

그럼 어쩌라는 말인가? 우리 두뇌의 편향 때문에 그저 속수무책으로 당할 수밖에 없을까? 사실 우리가 우리 두뇌의 편향을 자세히 안다고 해도 이를 벗어나기는 어렵다. 지난 수십만 년간 거듭해 온 진화(?)를 극복해야 하기 때문이다! 그래도 우리는 호모 사피엔스다. 우리 두뇌의 편향을 극복하려고 노력이라도 해 보자.

## Step 1: 인정하라. 당신이 원숭이, 개, 닭보다 투자를 못한다는 사실을!

뭘 인정하라는 거냐고? 투자에서는 당신이 원숭이, 개, 닭보다 실력이 떨어지는 하찮은 존재라는 것을 인정하라는 말이다! 사실 말처럼 쉽지 않다. 우리는 누구나 과잉 확신 편향 때문에 자신을 뛰어난 존재로 착각하며 살아가기 때문이다. 물론 당신은 뛰어난 사람이다. 이 지루한 책을 여기까지 읽은 것만 봐도 알 수 있다. 당신의 인내심과 돈을 벌고자 하는 집념은 누가 봐도 뛰어나다! 그리고 당신은 자기 분야에서 다른 사람이 이루지 못한 놀라운 성과를 이뤘을 것이다.

그러나 투자 분야에서는 이야기가 다르다! 당신은 어쩔 수 없이 당신의 편향이 가득한 두뇌의 지배를 받기 때문에 하찮은, 별 볼일 없는 존재일 뿐이다. 어느 정도 하찮은가 하면, 당신은 어떠한 투자 결정을 직접 하면 안 될 정도로 하찮은 존재다.

매일 5분씩 눈을 감고 당신의 투자 결정이 당신을 어떤 나락으로 떠밀었는지 복기해 보자. 아마 당신이 잊어버리려고 했던 쓰라린 기억들이 떠오를 것이다. 슬프면 울어도 괜찮다. 괴로움을 받아들이고 이 명상을 매일 반복하라.

이제 알겠는가! 당신은 하찮은 존재다. 최소한 '투자'라는 분야에서는!

## Step 2: 검증된 레시피를 선택해서 그대로 따라라!

Step 1을 통해 당신은 직접 투자 결정을 하면 안 되는 하찮은 존재라는 것을 받아들였다. 이제 어떻게 해야 할까? 직접 뭔가 하려 하지 말고 그냥 검증된 레시피를 선택해서 그대로 따라 하라!

이 책에서 나는 코인 투자의 중장기 전략, 단기 전략은 물론이고 계절성 정보도 충분히 알려주었다. 물론 이 외에도 검증된 전략들은 많다. 그중 하나를 골라서 실행하라. 제발 직접 뭔가 생각하고, 판단하고, 사고팔려고 하지 마라. 당신은 투자에 한해서는 하찮은 존재이기 때문에 그 결정은 틀릴 가능성이 매우, 매우 높다.

다시 한번 강조한다.

직접 뭔가 하려 하지 말고 그냥 검증된 레시피를 선택해서 그대로 따라라!

BITCOIN

**BITCOIN**

## 비트코인 폭발적 상승에 올라타라

**1판 1쇄 발행** 2024년 4월 1일
**1판 2쇄 발행** 2024년 4월 19일

ⓒ 강환국, 2024

| | |
|---|---|
| **지은이** | 강환국 |
| **펴낸곳** | 거인의 정원 |
| **출판등록** | 제2023-000080호(2023년 3월 3일) |
| **주소** | 서울특별시 강남구 영동대로602, 6층 P257호 |
| **이메일** | narm@giants-garden.com |